피터 럭크만의 주석서

골 로 새 서

피터 럭크만 지음

편 집 부 옮김

말씀보존학회

THE BIBLE BELIEVER'S COMMENTARY

THE GENERAL EPISTLE OF COLOSSIANS

By

Peter S. Ruckman, Ph.D.

Bible Baptist Bookstore

Pensacola, Florida

1996 / Korean by Word Of God Preservation Society

Seoul, Korea

피터 럭크만의 주석서

골 로 새 서

서 문

골로새서는 이 시대에 가장 흥미 있는 바울 서신이다. 역사상 그 어떤 위대한 주석가도 이 서신의 예언적인 의미를 붙잡지 못했으나, 평범한 성경대로 믿는 사람들이라면 그 진리를 발견하는 데 별 어려움을 느끼지 못할 것이다.

1. 요한은 일곱 교회에게 편지를 썼다.
2. 바울도 일곱 교회에게 편지를 썼다.
3. 요한이 편지를 쓴 첫 번째 교회는 에베소였다.
4. 바울 서신에도 "에베소서"가 있다.
5. 요한이 편지를 쓴 일곱 번째 교회는 라오디케아였다.
6. "라오디케아"라는 단어는 골로새서에 5번 나온다.

라오디케아 교회는 휴거 이전 지상에 있는 마지막 교회이다. 따라서 골로새서는 20,21세기의 교회에 쉽게 적용할 수 있는데, 그 내용과 주제가 진리를 원하는 현대의 성도들에게 너무 중요하며, 다른 서신서들과 달리 20,21세기의 그리스도인들을 직접적으로 겨냥하여 쓰였다는 것이 그 특징이다.

이것이 독자들에게 분명하지 않다면, 골로새서 2:6-14을 공부할 때 이 사실이 충분히 분명해질 것이다. 골로새서 2장에서 성령은 마침내 죽은 정통주의 배교자들을 절벽으로 밀어붙이시고, 몇 세기 동안 그들을 벌거벗겨 보게 하시며, 지체하거나(삼상 31:3), 빗나갈 수 없는 (판 3:22) 강력한 일격으로 그들을 죽이신다(왕상 18:40).

윌리암의 서문(주석서, p.935)은 골로새서의 일반적 성격에 관해 얼마간의 좋은 영적 요소들을 제시한다. 엘리스(위클리프 주석), 제미에슨, 포셋, 브라운, 더멜로우, 피크 박사의 서문도 서로 상당히 유사하다.

골로새는 소아시아 중서부의 프리지아의 도시로 "리쿠스"(Lycus) 강 기슭에 있다. 골로새는 페르시아 왕 당시에는 엄청나게 거대한 도시였으나, 그리스도의 시대 이전에 이미 쇠퇴해갔다. 1세기에 이르러서는 골로새 남쪽 1마일에 위치한 라오디케아 때문에 그 명성이 실추되었다. 탈무드와 요세푸스의 글들에는 그곳에 유대인들이 같이 살았으며, 그리스도의 시대 이전에 그곳으로 이주했다고 기록되어 있다. 그러나 그곳의 교회는 주로 이방인들로 구성되었다(골 2:13). 바울이 이 교회를 설립한 것이 아니며(골 2:1), 개종자인 에파프라(골 4:12)가 이 지역에 복음을 전파했던 것 같다(행 19:10, 골 1:6,7; 4:12,13).

서신을 통해 4가지 현대적인 문제들을 겨냥한 경고를 발견할 수 있으며, 그 문제들은 1881, 1901, 1946, 1952, 1960년의 개정 위원회들의 문제이기도 하다.

1. 에비온 학파 : 그들은 단지 본받고 모방하는 정도이다(엡 5:1과 주석 참조). 그들은 베드로, 야고보, 요한, 마태, 마가, 누가, 바울이 제시한 그리스도와 상반되는 혁명가로서 "역사적인 그리스도"에 대해 이야기하길 좋아한다. 오리겐의 친구 번역자 3명도 에비온학파였는데, 그들은 쉼마쿠스, 테오도티안, 아퀼라이다. "예수 그리스도 슈퍼 스타"(1971)는 에비온학파의 작품이다.

2. 에세네파 (이들에 대해서는 사해 사본이 발견되기 1800년 전에 필로와 요세푸스에 의해 자세히 기록되었다.) : 이들은 자신의 의지

로 “몸의 행실을 죽임”과, “육신을 죽음에 처하게 함”이라는 그들 자신의 방법으로 하늘에 가고자 애쓰는 자들이다. 그들은 극단적인 금욕주의를 생활화하고, 어떤 때는 오리겐처럼(A.D. 184-254) 그들의 “다른 속된 욕망”을 증명하고자 스스로를 불구자로 간들기도 한다.

3. 유대교도 : 갈라디아서 2-4장에 보면 유대교도들은 이방인 개종자들을 자기들처럼 출애굽기, 레위기, 신명기 아래로 되돌리고자 애쓴다.

4. 철학자들 : 이집트 알렉산드리아에서 온 그들은(<강단주석>, 20권, p.7) 아리스토텔레스, 플라토, 제노, 소크라테스, 소포클레스, 웨스트, 데모스테네, 티엠, 아르키메데스, 아리스토파네스, 로버트슨, 솔론, 트렌치, 알포드, 엘리콧, 피타고라스, 더멜로우, 커스터, 닐 등의 가르침도 함께 가지고 왔다.

골로새서는 A.D. 62-64년에 기록되었고, 4장, 95절 (영어로 1,998단어)로 이루어졌다. “골로새”란 단어의 뜻은 “형벌”(punishment)이다.

이 서신은 로마에서 바울의 첫 번째 투옥 때 쓰였다. 저자가 바울임을 의심하는 학자들은 메이어호프(Mayerhoff), 바우어(Baur), 플레더러(Pfleiderer), 홀츠만(Holtzmann) 등이다. 그러나 사실 그들은 철학, 전통, 이 세상의 유치한 원리(골 2:8주석 참조) 외에는 어떤 것이든 의심하는 자들이기에, 그들의 의견은 어떤 상황에도 전혀 고려할 가치가 없다.

피크 박사는 “천사들”을 논의하기 위해 일곱 페이지를 할애했다. 이런 식의 천사에 대한 논의는 두꺼운 주석서에는 거의 등장하는데, 이 모든 작가들은 그것에 관한 문제를 영지주의와 배교한 유대주의가 혼합되어 있는 머나먼 과거의 일로 제한해 버리는 경향이 있다. 더멜로우는 그 문제를 “천사의 교리는 바울의 시대에... 흔히 볼 수 있다”

(주석서, p.979)라고 한정시킨다. 더멜로우의 영향으로 95%의 주석가들은 "세상의 유치한 원리"(골 2:8)를 "기초적인 영들"(elemental spirits, 갈 4:3에도 동일한 짓이 저질러졌다.)로 변개시켰다.

1880년에서 현재까지 주요한 학자들 중 그 누구도 천사가 누구인지를 알지 못하기 때문에(창 6:1-4주석 참조), 그 주제에 대해 그들이 설명해 놓은 것은 웃기는 일이며, 천사 숭배를 언급한 부분은 더욱 그렇다.

골로새서의 본문 주석에 들어가기 전에, 피크 박사의 <헬라어 주석성경>의 제3권 487페이지에서 이미 진리를 가리기 위한 전조를 발견할 수 있다. "철학" 앞에 "소위"(so-called)라는 말이 첨가되어, 성경대로 믿는 사람들을 속이기 위한 성경 개정자들의 작업이 진행되고 있음을 알 수 있다.

골로새서는 보수주의 학자들과 로마카톨릭을 공격하기에, 우리들은 근본주의자들과 전천년주의 주석가들이라도 골로새서의 본문을 훼손시켜 사사로운 해석을 하려는 자들을 찾아내는 일들을 늦추어서는 안 된다. 골로새서 2:8에서 <권위역본, AV 1611>을 파괴하려는 어떤 비평가도 더 이상 자신이 새겨넣은 죄들을 숨길 수 없다. 그가 할 수 있는 모든 것은 "헬라어 원본"을 변개시켜 모든 필사본 증거를 거부하는 것이다(13번 현상).

골로새서는 에베소서와 잘 어울리며, 다만 일차적으로 "마지막" 교회에 적용된다는 사실만 다르다. 에베소서의 "몸의 신비"는 그리스도의 몸에 대한 과거의 진리이지만, 골로새서의 내용들은 현재의 진리이다. 그러므로 지금부터 휴거까지 성경대로 믿는 성도들에게 있어 가장 큰 위험은 "몸의 신비를 오해하는 것"이나 "한 몸의 교회를 강조하는 데 실패하는 것"이나 "신비의 교제를 아는 데 실패하는 것"

이 아니다(엡 3장). 교회사의 마지막 30년의 위험은 철학과 전통을 사랑하고 성경을 거부하는 보수주의자와 근본주의자들, 천사들과 성인들을 경배하고 행위로 구원을 얻는다고 부추기는 로마카톨릭에 의해 일어난다. [골로새서 2:20-23을 통해 침례로 인한 중생을 가르치는 그리스도의 교회도 여기에 포함시킬 수 있다.]

우리는 성경변개자들이 성경을 변개시키는 그 의도를 살필 수 있는데, 그것은 바로 명예를 사랑함과 사람을 두려워함, 사람을 찬양하는 것, 자기 "의"로 인한 교만, 지적인 자만심, 권위에 대한 적개심, 친카톨릭 성향임을 알 수 있다.

역 자 서 문

골로새서는 성경 66권 중 교회사의 마지막 시대인 라오디케아에 살고 있는 그리스도인들에게 가장 적합한 책일 것이다. 바울은 여전히 감옥 안에서 이 서신을 쓰고 있다. 에베소서가 그리스도의 몸된 교회를 강조하는 반면, 골로새서는 그리스도께서 교회의 머리 되심을 강조하고 있다. 성도는 그리스도 안에서 온전하게 되었으므로(골 2:10), 성도들이 필요로 하는 모든 것은 바로 그리스도이다. 골로새서에는 20,21세기를 살고 있는 성경대로 믿는 그리스도인들을 속이는 철학, 헛된 속임수, 유치한 원리, 음식, 마시는 것, 거룩한 날, 새 달, 안식일, 자의적 겸손, 천사 숭배, 육신의 생각, 의지 숭배, 금욕, 사람의 계명들과 교리들, 땅에 있는 것들에 대해 경고하고 있다.

특히 20,21세기를 사는 모든 사람들의 신이며 심지어 그리스도인에게도 신이 되어 버린 철학과 전통에 대해 강력하게 경고하신 골로새서 2:8은 모든 주석가, 번역가, 헬라어 학자, 신학 교수, 유수한 목사들, 성경 개정자들을 내리치는 무시무시한 성령의 칼이다.

골로새서는 4장밖에 되지 않으나, 그 속에 담긴 심오한 진리들은 성경대로 믿는 사람들에게 다시 한 번 커다란 도전을 주는 말씀들이며, 우리 안에 알게 모르게 숨어 있는 수많은 거짓 요소들에 오염된

독소들을 깨끗이 씻어주는 해독제이다. 하나님의 뜻을 올바로 분별하기 원하거나, 주의 일에 사역하기로 헌신했거나, 수많은 미혹들에 속지 않으려는 그리스도인들은 반드시 읽어야 할 주석서이다.

또한 본문에서는 <킹제임스성경>과 <한글킹제임스성경>이 명백히 밝히고 있는 진리들을 다시 감추기 위해, 하나님의 절대무오한 말씀을 변개시키려는 자들의 수많은 도전들을 성령의 강력한 응징으로 바로잡고 있다. 골로새서만큼 성경변개를 시도하는 자들과의 치열한 접전장이 된 책은 없을 것이다. 여기서 우리는 다시 한 번 학자들이 성경에 손을 대는 진정한 이유가 필사본증거나 헬라어의 의미를 명백히 하기 위함이나 일관된 번역이 아니라 그들의 마음의 문제임을 확인할 수 있다. 여러분이 찬 칼이 장난감 칼인지, 영적 전쟁에 아주 효과적인 성령의 칼인지 살펴보길 바란다. 만일 여러분이 가짜 칼을 가지고 하나님의 일을 한다고 하고 있다면, 원수들이 와서 여러분을 베어버리기 전에 성령님께서 먼저 여러분을 베어버리실 것이다.

하나님의 말씀을 공부하는 자들에게는 반드시 첨가되거나 삭제되거나 변개되지 않은 올바른 성경이 있어야 한다. 올바른 하나님의 말씀만이 우리를 건전한 교리와 적절한 책망으로 바로잡아 줄 수 있으며, 그러한 <한글킹제임스성경>을 믿음과 실행의 최종권위로 여길 때만이 의로 훈육될 수 있다(딤후 3:16). 아무쪼록 이 주석서가 단순히 여러분의 지식을 늘리는 것이 아니라 여러분이 하나님 앞에 신실한 자로 발견되게 하는 데 기여할 수 있기를 바란다.

일 러 두 기

학자들이 <킹제임스성경>을 변개시키는 여러 가지 방법들을 대충 정리해보면 17가지 현상들로 구분될 수 있기에, 우리는 주석서를 공부하면서 이와 같은 수법들이 나올 때마다 자세히 설명하지 않고 간단히 그 유형별로 구분만 할 것이다. 독자 여러분들은 여기에서 설명한 현상들을 기억하여 주석서의 중간중간에서 발견되는 유형들을 이해하기 바란다. 이 리스트는 <피터 럭크만의 주석서 시리즈> 중 <빌립보서>, <골로새서>, <갈라디아서>, <에베소서>에 동일하게 적용될 수 있다. 하나님의 살아 있는 말씀인 <킹제임스성경>의 비평가들은 단지 "파괴적" 비평가일 뿐이다. 이제 그들의 수법들을 살펴보자.

1번 현상 : 본문을 헬라어가 뒷받침하고 있더라도 무조건 <킹제임스성경>의 영어를 바꿔버린다.

2번 현상 : 권위 있고 가장 오래된 사본이라 할지라도 그것이 <킹제임스성경>과 일치하면 무조건 던져버리고 편리한 대로 아무 필사본이나 사용한다.

3번 현상 : "가장 오래된 필사본"의 잘못된 번역을 제시하면서도,

<킹제임스성경>을 비평하기 위해서는 동일한 일에 대해 비난을 한다.

4번 현상 : <킹제임스성경>이 일관되지 못하다고 비난한 뒤, 동일한 헬라어 단어를 여러 다른 방법으로 번역한다.

5번 현상 : 모든 필사본들이 <킹제임스성경>을 지지하는 곳에서는 주석가나 번역자들이 어떤 헬라어 필사본에도 발견할 수 없는 새로운 헬라어를 하나 만들어낸다.

6번 현상 : <킹제임스성경>이 시제나 관사를 완전히 번역하지 않았다고 비난한 뒤, 자신들도 완전히 번역하길 거부한다.

7번 현상 : "일관된 번역"이 그리스도의 신성을 지지하는 곳에서, 그 단어를 삭제하고 그리스도의 신성을 모호하게 만드는 다른 용어로 대체한다.

8번 현상 : 1881년 이후부터 많은 학자들이 <킹제임스성경>에 오류가 있다고 그 성경을 버렸기 때문에, 본문을 잘 설명하는 적절한 관련 구절들을 찾지 못한다.

9번 현상 : <킹제임스성경>의 비평가들 대다수는 도대체 왜 그 단어가 거기 들어 있는지에 대한 통찰력이 전혀 없으며, 이는 구약과 신약에서 일어난 단순한 변화들도 이해하지 못하는 그들의 실력에서도 확실히 드러난다.

10번 현상 : 성령께서는 히브리어나 헬라어에서 모호한 것들을 오히려 <킹제임스성경>에서 확실히 알 수 있도록 조명을 주신다.

11번 현상 : 어떤 경우는 모든 "오래된 필사본들"이 변개되었기 때문에, 그것들을 전적으로 무시해야 한다.

12번 현상 : 심지어 가장 오래된 파피루스 필사본들도 그것들이 <킹제임스성경>과 일치할 때는 <킹제임스성경>의 비평가들에 의해 거부당한다.

13번 현상 : 보수주의자들은 궁지에 몰릴 때는 심지어 그들의 정통주의에 대한 고백마저도 포기해 버린다.

14번 현상 : 아무도 본 적이 없는 "최초의 원본" 때문에 잘 알려진 <킹제임스성경>을 거부하는 자들은 성경 예언을 다루는 구절의 진리를 상세히 설명해야 하는 자리에서 아무 말도 못하고 머뭇거리게 된다.

15번 현상 : 매우 자주 <킹제임스성경>의 비평가들은 그들의 학생들이 헬라어 단어를 원어사전(Lexicons)에서 찾아보고 확신을 가지지 못하도록 헬라어 단어의 의미를 거짓되이 가르친다.

16번 현상 : "최초의 원본"에 무엇이라고 적혀 있는지 아는 것처럼 주장한다.

17번 현상 : 가끔씩 <킹제임스성경>의 비평가들은 그들의 번역이나 개정의 방법들에 대해 고의로 거짓말을 하지만, 이 거짓말은 그들이 그들의 작품을 다시 만들 때마다 입증된다.

차 례

서문 ········ 5

역자서문 ········ 10

일러두기 ········ 12

골로새서 1장 ········ 17

골로새서 2장 ········ 60

골로새서 3장 ········ 130

골로새서 4장 ········ 167

이 책에 인용된 성경 구절은 <한글킹제임스성경>입니다.

골로새서 1장

1:1 하나님의 뜻에 따라 예수 그리스도의 사도 된 바울과 우리 형제
디모데는
2 골로새에 있는 그리스도 안의 성도들과 신실한 형제들에게 *편지*
하노니, 하나님 우리 아버지와 주 예수 그리스도로부터 은혜와
평강이 너희에게 있을지어다.
3 우리가 항상 너희를 위하여 기도할 때에 하나님, 곧 우리 주 예
수 그리스도의 아버지께 감사하는 것은
4 그리스도 예수를 믿는 너희의 믿음과 모든 성도에 대한 너희의
사랑을 들었음이요,
5 너희를 위하여 하늘에 쌓여 있는 소망 때문이니 이 소망은 너
희가 전에 복음의 진리의 말씀 안에서 들은 바라.
6 그 복음이 온 세상에서와 같이 너희에게 이르니 너희가 듣고
진리 안에서 하나님의 은혜를 깨달은 날부터 너희 안에서도 마
찬가지로 열매를 맺는도다.

7 **우리가 사랑하는 동료 종 에파프라로부터 너희도 배운 것같이**
그는 너희를 위한 그리스도의 신실한 일꾼이라.
8 **그가** 성령 **안에서 너희의 사랑을 우리에게 보여 주었느니라.**

서신의 시작은 데살로니가전서, 에베소서, 빌립보서의 시작과 아주 유사하다. 이해하기 어려운 것이 하나도 없다. 디모데(Timotheus)는 디모데전후서의 디모데(Timothy)와 동일 인물이다. "하늘에 쌓여 있는 소망"(5절)은 에베소서 1:18의 주석을 참고하라. 6절은 "열매를 맺는 것"(갈 5:22과 그 주석 참조)은 믿음(belief, 살전 2:13, 마 13:23)을 따라서만 가능함을 보여 준다. 그들은 "동료 종"이며 "신실한 일꾼"이었던(빌 2:26 주석 참조) 에파프라(7절)로부터 "진리 안에서 하나님의 은혜"(6절)를 들었다.

한편 자만에 빠진 알렉산드리아, 런던, 뉴욕, 시카고, 로마의 학자들은 <권위역본, *A.V.1611*>에 대해 갖가지 변개들을 자행했다.

주 예수 그리스도께서는 밥존스대학에서 추천한 NASV(1960)에 의해 그분의 으뜸이신 위치에서 끌어내려졌으며, 이 같은 일들은 NASV의 쌍둥이 역본인 RV(1884), ASV(1901), RSV(1946)에서도 동일하게 일어났다. 그러나 1525, 1535, 1539, 1540, 1560, 1562, 1568, 1602년의 영어 성경들은 성령님의 절대무오한 본문을 보존하였다. 킹제임스 본문이(2절에서) 모든 계열의 필사본과 다수 필사본들에서 발견되지만, 변개된 바티칸 사본과 "D"(서방) 사본에서는 그 단어들을 삭제했다. 위에 열거한 대표적인 변개된 성경 외에도 NEB, <필립스 역본>, 윌리엄스, 웨스트, <버클리 역본>, 몽고메리, "여호와의 증인"의 성경은 모두 로마카톨릭이 <조합성경>에서 그랬던 것처럼 "주 예수"(the Lord Jesus)를 삭제하였다. 물론 <개역성경>에도 삭제되어 있다.

7절의 "너희를 위한"(who is for you)도 라흐만, 라잇풋, 웨스트코트, 홀트, 트레겔레스, 알포드 등에 의하면 "우리를 위하여"(for us, on our behalf)로 바뀌어야 한다. 그러나 이러한 변개는 성경에 대한 무지 때문에 일어난다. 에파프라는 바울에 앞서 골로새에 있었고(서문을 보라), 그는 예수 그리스도만 나타내었다. 그는 "대표자"(representative, <강단주석>)로 보내진 것이 아니라 골로새인 중 한 명(골 4:12)으로, 예수 그리스도의 종으로(골 4:12) 보냄을 받았다. 이러한 변개는 (알렉산드리아로부터 카이사랴를 경유하여) 로마에 있는 "알렙"과 "B" 사본에 의해 이루어진 것임을 간과하지 말라. [NASV, ASV, RSV, RV가 모두 이런 위조품들을 수용한다는 사실은 그들이 오리겐, 유세비우스, 팜필루스, 웨스트코트, 라잇풋, 라흐만, 홀트, 트레겔레스, 알포드 등의 유명한 학자들처럼 국어도 제대로 읽지 못함을 보여 줄 뿐이다.]

1:9 **이런 연유로 우리도 그것을 들은 날부터 너희를 위하여 기도하고 간구하기를 그치지 아니하노니 곧 너희가 모든 지혜와 영적 지각 안에서 그분의 뜻을 아는 지식으로 충만케 되어**

10 **주께 합당히 행하므로 모든 일에 기쁘시게 하고 선한 일마다 열매를 맺고, 하나님을 아는 지식이 자라나며,**

11 **또 그분의 영광의 힘을 따라 모든 능력으로 강화되어 기쁨으로 모든 인내와 오래 참음에 이르러**

12 **우리를 빛 가운데서 성도의 유업의 동참자가 되기에 합당하게 하신 아버지께 감사드리기를 원하노라.**

13 **그분께서 우리를 흑암의 권세로부터 구하여 내셔서 그분의 사랑하는** 아들**의 나라로 옮겨 주셨으니**

14 **그 안에서 우리가 그의 보혈을 통하여 구속, 곧 죄들의 용서함을 받았느니라.**

15 **그는 보이지 않는** 하나님**의 형상이시며 모든 피조물의 첫태생이시니**

9,10절은 에베소서 3:16,19과 에베소서 1:17-19과 완벽하게 일치하는 구절이며, 별다른 설명이 필요 없다. 이 구절들을 이해하는 데 도움을 주는 구절들은 에베소서 1:4,5,11; 3:18,19; 4:1, 빌립보서 1:9,27, 데살로니가전서 2:12; 4:1; 5:15, 고린도전서 1:9; 14:20, 데살로니가후서 2:17, 디모데전서 5:10, 디도서 3:8에서 발견된다. 11절은 에베소서 1:19; 3:16; 6:10 아래서 설명해야 되며, 다른 관련 구절은 디모데후서 1:7,8; 2:9,10,13에서 발견될 수 있다.

『**우리를 빛 가운데서 성도의 유업의 동참자가 되기에 합당하게 하신...**』(12절). 이것은 갈라디아서 3:18과 에베소서 1:18의 영적인 유업이기에, 로마서 8:17과 디모데후서 2:12의 문자적인 유업과 혼동하면 안 된다. 이것은 13절에 나오는 "그분의 사랑하는 아들의 나라"라는 말을 통해서 더욱 분명해진다. 이 나라를 천국(행 1:3, 막 1:14, 마 4:17)과 혼동함으로 캠벨파, 장로교, 카톨릭, 감리교, 감독교회, 루터교가 현재 이 땅을 다스리려고 애쓰는 것이다(빌 1:28 주석 참고).

"빛"은 영적인 빛(행 26:18)을 언급하며, 성도들에게 어두움과 반대되는(고후 4:4) "빛의 자녀"(살전 5:5)의 자격을 부여한다. 『**그분의 사랑하는** 아들**의 나라**』(dear Son, 13절)는 파괴적인 비평가들에게는 너무나 가족적이기에(사도행전 4:27의 "아들"에 대한 그들의 자세와 비교해 보라.), 이들은 분명한 모국어를 포기하고 애매한 헬라어로 달려가서 "Son of his love"로 바꾸었다.

그러나 이 같은 형태는 최초의 원본이 아닌 NASV와 로마카톨릭의 변개된 역본인 1582년의 <림즈듀웨이성경>에서만 발견될 뿐이다. 이번에는 그들은 분명함 대신 정확성에 호소한 것이다(10번 현상). 그러나 이 다음 장부터 그들은 반대로 "정확함" 대신 "분명함"을 위해 <킹제임스성경>을 공격하는 것을 볼 수 있다. [성경의 권위를 능가해 보려는 이 모든 수작들은 법정에 설 때마다 패할 뿐이다. 최고의 법정에서는(롬 3:4) 암흑 시대의 <림즈듀웨이성경>을 따르는 그 어떤 역본들도 인정하지 않는다.]

또한 우리는 변개된 NASV의 불일치를 발견할 수 있다. 그들은 13절에서 "dear"를 "love"로 바꾸었는데 7절에서는 왜 "사랑하는 동료종"(dear fellowservant)을 "fellowservant of love"로 바꾸지 않는가!!(4번 현상) 이와 같이 그들의 변개는 전혀 정확하거나 분명하지 않고 오히려 불일치하며 앞뒤가 맞지 않게 마음내키는 대로 왜곡시켰을 따름이다. 왜 이 같은 변개를 행했겠는가? 바로 하나님의 아들이 이 구절의 주제이기 때문이다.

『그 안에서 우리가 그의 보혈을 통하여 구속, 곧 죄들의 용서함을 받았느니라』(14절). 이 구절이야말로 온전하게 보존된 성경과 변개된 성경을 구분할 수 있는 검문소이다. [점검할 수 있는 다른 주요 구절들은 누가복음 2:33, 디모데전서 3:16, 사도행전 20:28; 8:37, 요한복음 9:35이다.]

일반적인 평신도들은 필사본 증거를 공부할 시간이나 돈이 없기에,

하나님은 그의 풍성한 자비로 성경을 여러 개의 절로 구분하는 것을 허용하셨다. 하지만 "현대의 번역본들"은 절의 구분을 가능한한 무시하고 있다. 그들은 주님께서 세우신 점검 방법들을 무너뜨리기를 원한다. 성경을 진지하게 공부하는 학생이라면 절체계를 없앰으로 빚어지는 혼동을 금방 알아차린다. [케네스 웨스트는 이런 방법으로 몇 구절들을 삭제하고도 마치 아무 일도 없는 것처럼 속이는 것이다. 즉 절 구분 없이 여러 구절들을 한 단락으로 기록함으로 절과 절 사이의 구분을 없애버려서 빠진 구절을 눈치채지 못하게 하는 것이다. 이것은 NEB와 <필립스 역본>, <현대인을 위한 기쁜 소식>에도 발견되는 양상들이다.] 만일 현대의 "보수주의자들"과 자유주의자들이 절체계를 없앨 수만 있다면[원본에는 숫자(절)가 없다고 호소함으로], 그들은 아무도 모르게 12구절도 넘게 삭제할 수 있으며, 수백 개의 구절들을 망가뜨릴 수 있을 것이다(17번 현상).

지혜로운 그리스도인들이 따르는 선한 법칙은 "그의 보혈을 통하여"(14절)를 삭제한 헬라어 필사본이나 번역은 그 어떤 것이라도 보자마자 거부하는 것이다. 이것이 하나님의 말씀을 함부로 변개시키는 마귀의 손에 넘어가지 않는 절대적인 방법이다. 로마카톨릭에서는 "죄들의 용서"(14절)를 요한복음 20:23과 마태복음 16:19에 제한시켜 버린 것을 알 것이다. "그의 보혈을 통하여"(히 10:1-14)는 로마카톨릭에서는 너무 불쾌한 말이기에 그들은 히브리서 9:14부터 찢어 버린다. (바티칸 사본은 히브리서 9:14부터 삭제되어 있다.)

현대의 어떤 사람도 "그의 보혈을 통하여"(롬 3:25, 히 9:15)라는 방법 외에는 그 누구도 "구속"(redemption)될 수 없다. 더 나아가 아무도 죄들을 용서받음으로 구속되지 않았다(출 34:7). 그러므로 시중에서 판매되는 변개된 성경들(오리겐의 6란 성경에서 로마카톨릭의 성경까지)은 죄인들이 “구속”(롬 3:25, 히 9:15)과 “죄들의 용서”를 같은 말로 생각하게끔 잘못 인도한다.

그러나 그렇지 않다. 그리스도의 심판석에서 웨스트코트, 홀트, 로버트슨, 와필드, 메이첸, 데이비스, 트렌치, 빈센트, 사우터, 밀리건, 웨스트, 닐, 네슬, 커스터, 알포드 등 성경변개자들은 왜 그들이 신약 구원의 가장 근본적인 진리들이나 예수 그리스도의 완성된 사역과 정면으로 대치되는 네슬의 본문을 수용했는지 설명해야 할 것이다(13번 현상).

만일 ASV와 NASV 위원회의 모든 사람이 다 그리스도인이라면 그들 모두는 다음과 같이 탄식할 것이다 “성령께서 그 안에 내주하시는 사람들이 그들이 인식도 못하는 사이에 성경적 기독교를 파괴시키는 도구로 사탄에게 자신들을 내준 것이 얼마나 큰 비극이며 재앙인가!”

“죄들의 용서”는 “구속”이 아니다. 이스라엘은 용서되었으나(눅 23:34) 구속되지는 않았다(행 3:19). 사람이 용서되었다 해도(마 18:32) 지옥에 갈 수 있다. 구약 성도들은 용서되었으나(출 34:1-8), 그들 중 누구도 그때 구속되지 않았으며, 그때부터 400년이 지날 때까지도 구속되지 않았다(갈 4:5).

“그의 보혈을 통하여”는 성령에 의해 주어지고, 19세기 동안 보존된(1611년 킹제임스 권위 역본을 통해) 하나님의 진리이다.

단어들의 삭제는 모든 로마카톨릭 성경들에서 일어났는데, 고백으로 구원이 확증된다고 생각하는 2세기의 또 다른 예후디(렘 36:23)에 의해 되었다.

만일 단어들이 어떤 헬라어 필사본에도 없더라도, 그 단어들은 신약이 스스로 모순되는 것을 막기 위해 본문에 나타나야만 한다(10번 현상).

커트 알란드, 피크, 네슬은 본문에 대한 자세한 토론을 살짝 피할 것이다. 모든 카톨릭신자, 자유주의자, 보수주의자들은 그 단어들이 에베소서 1:7로부터 가필(삽입)되었다라는 견해를 일반적으로 받아들인다. 웨스트는 "용서"(for- giveness)를 "제거"(putting away)로 변개시키고 나서, 이것이 완전한 구속이라는 것을 깨닫고 "그의 보혈을 통하여"를 삭제한 대신 급히 "몸값의 지불" (payment of ransom)을 첨가시켰다.

구속은 "그의 보혈을 통해서" 되는 것이며, 하나님께서는 "그 피"(the blood, 출 12장)를 보실 때 죄인을 지나치신다. 헬라어나 영어나 "그의 보혈을 통하여"를 삭제한 그 어떤 본문도 결코 살아 있는 하나님의 살아 있는 말씀이 아니다. 밥존스대학의 닐과 커스터 박사의 "헬라어 논문"이 이 단어들을 제외시켰다는 사실은 그들이 배교자들이라는 것 외에는 아무것도 의미하지 않는다.

『**그는 보이지 않는 하나님의 형상이시며 모든 피조물의 첫태생이시니**』(15절). "형상"에 대한 너무나 분명한 정의에도 불구하고, 오늘날 신학자들과 신학교들은 본문과 히브리서 1:1-3의 정의를 무시하고 문제를 해결하기 위해 아담을 끌어들이고자 애쓴다. 그들은 고린도후서 4:4과 본문의 분명한 정의를 부끄러워하며, 본문의 "형상"을 아담에게 줘 버린다. 그러나 "하나님의 형상"은 예수 그리스도시다(요 14:8,9). 이것은 스트롱, 댑니, 카이퍼, 쉐퍼, 핫지, 벌콥, 칼빈, 알미니우스의 어떤 신학서적보다 분명하다. 피크 목사도 그의 〈헬라어 주석성경>에서 성경을 거부하는 모든 다른 이단들이 헬라어, 라틴어, 독일어, 영어, 불어, 스페인어를 다루는 것과 같이 "헬라어 원본"을 다룬다. 그의 눈 앞에 이 같이 분명한 정의가 있음에도, 소경이 밤중에 헤매듯이, "형상"이 "하나님의 성품이나 속성의 나타남"이라고 어리석은 주장을 펴고 있다. 그는 오리겐, 필로, 클레멘트처럼 영적으로 해석한 것이며, 다시 한 번 "기독교 교육"이 전혀 두익함을 입증해 준다. 빌립과 도마(요 14,20장)는 명백히 "형상"의 개념을 오해하였는데, 만일 우리도 철학박사, 신학박사의 학위를 가진 "보수주의자들"의 말을 신뢰하여 받아들이면, 동일한 실수를 할 것이다.

엘리스(<위클리프 주석>)도 역시 사사로운 해석을 했는데, 그는 타락한 아담의 종족이 "그의 창조주의 형상을 지니고 있다."라고 했다. 이것은 이땅의 어떤 사람도 4,000년 동안 하나님의 형상을 지니지 않았다고 하시는 성령님의 명백한 선언(창 5:1-3, 골 3:10) 앞에서 하는 가장 오만한 만행이다. 그러나 진리는 하나님의 말씀을 싫어하는 죽은 정통주의 배교자들을 그만두게 하지 못한다. <강단주석>(p.8)도 동일하다. 모든 적절한 관련 구절(고후 4:4, 요 1:1-3, 히 1:1-3)에도 불구하고, 저자는 분명한 의미를 바꾸어 성도들로 하여금 "형상"이 "형상"이 아니라고 생각하게끔 세뇌하기 시작한다. 그들은 "형상"을 "신격의 도덕적이고 구속적인 속성이 나타난 것"이라고 한다.

제미에슨, 포셋, 브라운도 그들의 주석서(p.1315)에서 형상을 "그의 본질적인 성격"이라고 주장한다. 우리는 이들의 글에서 아다만티우스 오리겐의 흔적을 발견할 수 있다.

우리는 다음 네 구절에서 그리스도의 신성을 다루어야 하는데, 여기에서 갑자기 NASV(1960)와 헥사플라(200-240)의 역겨운 냄새가 발견된 것이다.

"헬라어 원본"에 무슨 일이 일어났는가? 바티칸, 시내, 알렉산드리아, D-서방사본, 시리아, 이집트 역본, 소문자 필사본, 대문자 필사본, 카이사랴 필사본, E.F.G.H 필사본 등은 모두 헬라어로 "eikon"으로 되어 있다. 갈라디아서, 에베소서, 빌립보서에서 성경을 변개시킨 유식한 학자들에게 "eikon"이 무엇인지 물어보라. 그들은 갑자기 고전 헬라어 작품에서 그 단어가 어떻게 쓰였는지 잊어버린 모양이다(3번 현상).

"eikon"(image)이 형상이 아닌 다른 단어로 사용된 적이 있는가?(5번 현상) 우리가 "그의 아들의 형상과 일치"하도록 예정되었다면, 왜 그것이 이생에서 이룰 수 있는 "영적 목표"라고 생각하는가?(빌 3:21, 엡 4:15의 주석을 참고하라.) 알다시피 "영지주의 이단"에 대해 소리 높여 오래 떠드는 자들은 실제로는 "물질"은 그 자체가 악하다고 믿는다는 사실이다. 하나님께서 "형상"을 말씀하실 때, 만일 그 단어가 하나님 자신과 연관되는(출 20:1-3참조) 것처럼 보이면 즉시 그 단어를 문맥에서 분리시킨다. 그들은 그 단어가 암시하는 바에 대해 놀라서 그들이 "우상 숭배자"라는 책임을 피하기 위해 영적으로 해석해 버린다. [요한복음 6:57을 요한복음 14:9로 넣어 읽을 때 얼마나 기이한 혼란이 일어나는지 주목하라.] 철학은 일류 번역자들과 주석가들을 오염시켰다. 그들은 그들의 비평자들이 (영이신) 영원한 하나님을 살과 뼈로 된 몸으로 제한시킨다는 것을 알까봐 부끄럽게 생각한다. 그러나 그 일은 정확하게 실제로 일어났다(딤전 3:16). [이것이 바로 디모데전서 3:16을 NASV, ASV, RSV, Revised ASV, New RV, NRSV 들이 변개시킨 이유이다.]

『**그는 보이지 않는** 하나님**의 형상이시며**...』(15절). "보이지 않는 것들이 분명히 보였고 심지어는 그분의 영원한 능력과 신격까지도"(롬 1:20)라고 되어 있기 때문에, 이 구절은 말한 그대로를 의미한다고 문자적으로 받아들여야 한다. 만일 미국의 보수주의 학자들 100%가 구절을 달리 해석한다 해도(골 2:8 참조), 그것은 그들 모두가 치료할 수 없는 병에 감염되었음을 의미할 뿐이다. 예수 그리스도는 보이지 않는 하나님의 보이는 모습이셨다. 그분은 육신으로 나타나신 신격이셨고(딤전 3:16), 몸의 형태로 거하신 신격(골 2:9)이셨다. 이것이 보수주의자가 그리스도의 신성을 말할 때, 그가 믿는 바이다. [만일 당신이 그것을 믿지 않는다면, 당신은 단지 차지도 덥지도 않은 미지근한 배교자일 뿐이다.]

이 같은 중도파들의 의견들이 반영된 "새로운 번역본들"(<필립스 역본>, <현대인을 위한 기쁜 소식>, Living Letters)은 "형상"(image) 대신 "모습"(Likeness), "표현"(expression)을 더 받아들이기 용이한 단어로 여기고 대체한다.

그들과는 달리 모든 진정한 성경대로 믿는 사람들은 일종의 우상숭배자이며, 그의 우상은 예수 그리스도이다.

더욱이 모든 정통유대인들이나 무신론자는 이것이 사실이라는 것을 알고 이것들에 대해 그들의 감정을 표현하는 데 더 솔직하다. 유동적이며, 변덕스러운 라잇풋, 웨스트코트, 엘리콧, 알포드, 렌돌, 홀트 같은 학자들보다 이들이 더 정직한 것이다.

『...**모든 피조물의 첫태생이시니**』(15절). 이 구절은 오리겐, 아리우스, 어거스틴이 아주 좋아하는 구절이며, 우리에게도 친숙한 구절이다.

그들은 디모데전서 3:16, 요한복음 14:9; 20:28, 골로새서 1:15, 고린도후서 4:4, 히브리서 1:1-3의 분명한 선언을 무시하고, "기독대학"의 "기독" 교수진들은 끊임없이 논쟁을 계속하고 있다. 그들의 논문을 한 번만 살짝 봐도 그들의 혼란이 무엇인지 분명히 드러난다.

1. 우리가 <필립스 역본>을 신뢰한다면, 그리스도는 "창조가 시작되기 이전에" 존재하셨다.

2. 우리가 NEB를 신뢰한다면, 그리스도는 모든 피조물 위에 "최고의 권리를 가지고 있다."

3. 우리가 Living Letters를 신뢰한다면, 하나님은 그의 아들을 창조하지 않았다. 왜냐하면 그분은 "하나님께서 어떤 것도 만들기 전에" 존재했기 때문이다. [구절의 첫 번째 단락을 변개시킨 뒤, 자신을 성도의 반열로 회복시키기 위한 아름다운 시도이다.]

4. 그러나 벵겔, 워즈워드, 올샤우젠, 메이어, 엘리콧은 이것을 "그는 모든 피조물 이전에 첫태생"이라고 변개시켰다.

5. 소덴과 아봇은 그것이 "그가 모든 창조 이전에 우선 순위를 가지고 있다."는 것을 의미한다고 생각했다.

6. 홉트와 웨이스는 그것은 "모든 창조물의 통치자였다."라는 말로 바꿔야 한다고 생각했다.

7. 아리우스는 "모든 창조물의 첫 번째 태어난 자"라고 추측했다.

8. 슐라이에마허는 "새로운 도덕적 창조의 첫 번째 태어난 자"로 생각했다.

사람이 구절의 절반의 평범한 진리를 파괴시킨다면, 나머지 절반에서도 속을 수밖에 없다는 것이 분명하다.

더 깊이 있는 공부를 하기 전에 독자들은 학자들이 "피조물"(creature, 롬 8:19, 고후 5:17)을 "창조"(creation)로 바꾸는 광란을 저질렀음을 주목해야 한다.

1:16 이는 만물이 그에 의하여 창조되되 하늘에 있는 것들과 땅에

있는 것들과 보이는 것들과 보이지 않는 것들과 보좌들이나 주권들이나 정사들이나 권세들이나 만물이 그에 의하여 또 그를 위하여 창조되었기 때문이라.

17 **그는 만물 이전에 계시고 또 만물은 그로 말미암아 존속하느니라.**

바울이 골로새서 1장 9절부터 29절까지는 거의 한 문장처럼 전개하고 있다. 여러분은 11절의 결론적인 생각이 17절까지 이른다는 것을 볼 수 있으며, 물론 중간에 14,15절이 주제를 달리하지만 한 문장이다. 또한 16절의 요소가 상태(15절)가 아니라 행동이지만, 하반절의 "만물" 때문에 15절과 연결되어 있다. 이 문장은 19절에서 끝나는 것이 아니라, 곧장 다른 토론으로 들어간다(20절). 심지어 이 문장은 20절에서도 끝나지 않고 20절의 주제는 21,22절까지 곧장 가서 29절까지 문장은 끝나지 않는다.

ASV는 요한복음 9:35의 여백에서 예수 그리스도를 "피조물"이라고 언급했다. 이 단어는 제미에슨, 포셋, 브라운의 주석서(p.1316)에서 정죄받지만, 이 신사 양반들도 ASV가 실제로 가르치는 이단을 <킹제임스성경>도 지지한다고 거짓 고소를 한다. 이것은 독자들로 깊은 생각을 하게 만든다. 니케아공회부터 몇 세기 동안 "정통주의"는 그리스도의 신성을 고백함으로 표시되어 왔던 것 같다. 이상스럽게도, 이 "정통주의"(로마교회)의 챔피온들은 그리스도를 가장 불명예스럽게 하고, 거부하며, 무시하는 체계를 만들어 왔다(막 7:6-13). "그리스도의 신성"을 믿는다고 고백하는 카톨릭은 위선적인 가장 외에는 한 번도 그를 높여드리지 않았고, 발효된 액체가 가득한 잔만을 높이 올렸을 뿐이다. 카톨릭 체계에서는 마리아가 예수님의 죄없는 본성, 부활, 중보자로서의 권위들을 함께한다. 마찬가지로 남아메리카에서는 마돈나가 아들을 안고 있다.

이제 로마카톨릭은 국가교회로서 정치적 권력을 발휘하고자 원할 때는 언제나, 로마를 1,000-1,500년 동안 지지했던 유럽의 군주들처럼, 로마의 정치적 목적이나 신문, 잡지, TV 등을 반대하는 자들에게 "이단"이라는 딱지를 붙인다(1960-1971년의 북아일랜드를 보라). 이것은 흥미 있는 일인데, 죽은 정통주의, 보수주의자인 존 칼빈이 제네바에서 그의 교회국가를 설립할 때, 그는 골로새서 1:15, 시편 2:7의 오리겐의 해석을 받아들이지 않았다고 해서 회심한 유대인을 죽였다(샤프의 「교회사」, 7권, pp.65-70).

알다시피 현대의 모든 보수주의 선생들과 유사한 오리겐은 그리스도께서 영원에서 태어났고, "begotten"이란 단어는 "영원한 세계"를 언급한다고 제안했다. 여기처럼 "born"이나 히브리서 1:6, 시편 2:7의 "begotten"은 일시적 의미에서 "birth"나 "begetting"을 언급한다고 생각하는 사람들은 "아리안주의자"라고 불린다. 세르베투스(1553년에 불타 죽은)는 예수 그리스도께서 육신으로 나타나신 하나님이라고 믿었다. 그러나 그는 라잇풋, 엘리콧, 제미에슨, 포셋, 브라운, 클라크, 레인지, 윌리엄스, 더멜로우, 녹스, <필립스 역본>, <웨이마우스 역본>, <모펫 역본>, <굳스피드 역본>, 로버트슨, 데이비슨, 샤프, 웨이글, 매이어, 홀트, 메이첸, 와필드, 핑크가 이 구절에 대해서 말한 것들은 믿지 않았다.

1. 오리겐(184-254)은 모든 논쟁을 그리스도의 탄생이 시간 이전에 일어났다는 주장으로 시작했다.

2. 아리우스(256-336)는 그것은 말도 안 되는 생각이며, 자신이 옳다는 것을 알았다. 영원에서는 시간 요소가 없으므로 그는 "오늘 내

가 너를 낳았노라"고 말한 구절이 "시간 안에서" 일어난 일임을 알았다. 그러나 아리우스는 오리겐과 반대 견해를 취하면서 극단적으로 치우쳐 창세기 1장 이전, 영원 이후에 그리스도께서 더 낮은 신(여호와의 증인의 성경, 신세계 역본 요한복음 1:1,2을 보라.)으로 태어났다고 말하는 오류를 범했다. 밥존스대학에서 추천한 NASV도 이 견해를 취하며(요 1:18을 참고), 이것은 "여호와"와 "예수" 간의 연계성을 제거하는 시도를 보더라도 명백하다. 여러분이 NASV(1960)와 유사한 변개된 성경들을 살펴보면, 신약 어디에도 여호와라는 단어가 없음을 알 것이다. <킹제임스성경, 1611>에는 신구약 모두에서 "주"(LORD)가 발견됨을 알 것이며, "여호와 하나님"과 "여호와 예수"(계 19:16을 참조)의 연관성을 알 수 있다. [보수주의 위원회는 보수적인 번역을 보증하지 않는다. 대부분의 "보수주의 위원회"는 실제로 성경적인 기독교를 거의 반 세기 이상 한 세기 동안 전하지 못했다.]

3. 세르베투스(1511-1553)는 중간적 위치이다. 그는 아리안주의자라고 해서 불타 죽었다. 하지만 그는 예수님이 하나님이심을 알았기에, 그는 사실 아리안주의자가 아니다. 그러나 그는 아리우스처럼 "begotten," "begat," "begetting," "birth," "born"이 일어나는 행위라고 언급했다. 그는 오리겐과 그의 무천년주의 친구들(칼빈, 핫지, 메이첸, 로버트슨, 마우로, 벌콥 등)과 같이 온유한 영적 해석가가 아니었기에 성경대로 믿는 사람들이 내릴 수 있는 유일한 결론에 도달했다. 그리스도께서는 정해진 때에 특정한 날에 마리아를 통하여 태어나셨다. 성육신 이전에는 주의 천사로 나타나셨다(창 16장, 판 13장 등). 비록 우리는 "아들"(요 1:18)을 포함하여 하나님의 3중적인 성품(몸, 혼, 영)을 알지만, 언젠가 "아들"은 창세기 1:1 이전에 원래 그러했듯이 신격(고전 15:28)으로 돌아가실 것이다.

시편 2:7이 창세기 1:1 이전의 영원한 판결의 "판결"이라고 가르치는 칼빈주의의 사사로운 해석만을 받아들인다면, "첫태생"(Firstborn)을 그리스도의 성육신 이전의 상태라고 할 수 있을 것이다. [벌콥은 "하나님의 모든 판결은 영원하다"라고 말하며 그들은 그들의 근원을 영원에서 가진다.] 이것은 칼빈주의 체계에서 발견되는 수많은 소망 없는 모순들 중 하나에 성경대로 믿는 사람들을 강제로 넣어버리려는 것이다(엡 1:4,5 참조). 그는 "이 날"(시 2:7)이 아무 날도 아니라고 믿게 된다.

즉 문제는 "이 날"(시 2:7)을 어떤 시기라고 말할 수는 없다는 것이다. 영원 안에는 시간이 없기 때문이다.

이것이 본문이 다루고 있는 문제점이다. "모든 피조물의 첫태생"(of) 대신 "모든 피조물 이전의 첫태생"(before)을 삽입하는 것은 존 칼빈의 사적인 해석을 가르치기 위함이다. [극단적 세대주의자인 윌리엄스를 포함하여 현대의 주석가들을 살펴보라.] 하지만 그러한 헬라어 본문은 어디에도 존재하지 않는다(5번 현상).

더욱이 "그에 의하여"(by, 16절)를 "그의 안에서"(in)로 바꾸는 것은 (NASV, ASV, RV, RSV, 이와 유사하게 변개된 책들) 성도들로 하여금 16절의 만물이 "새 창조" 안에 있는 구원받은 영적인 것들을 가리킨다는 오리겐의 사사로운 해석을 수용하게끔 만들었다. 이것은 사사로운 해석의 "절정"으로 가히 로마카톨릭의 속임수에나 비할 수 있을 정도다. (로마카톨릭식 성경해석, 1996, 말씀보존학회 간 참조)

절대무오한 진리를 연구하기 전에 "보수주의 학자들"로부터 나온 파편들에 대해 한 가지 더 얘기해 둘 것이 있다. 헬라어 본문(어떤 계열의 필사본이든)에는 "창조"(creation)가 아니라 "ta panta...ta panta...ta panta"(all things, 만물, 16,17절)이 계속해서 "창조 안에 있는 것들"을 나열하기 때문에, NASV는 “피조물”(creature)을 “창조”(creation)로 변개시키는 데 어려움을 겪었다(갈 6:15 주석 참조).

자, 이제 우리는 성경으로 돌아가서 그 단락이 무엇을 말하는지 주의 깊게 살펴보자.

1. “하나님의 형상”은 그리스도가 태어나기 전까지는 결코 이 땅에 나타나지 않았다. 학자들이 “eikon”(형상)을 문자적으로 받아들이기를 거부할 때, 그들은 본문의 하반부를 잃어버렸다. 15절에서는 “형상,” “첫태생”이 나오므로 그 누구의 영원 전 상태도 논의할 필요가 없다. 요한, 베드로, 도마, 빌립은 모두 그 형상을 보았다. 논쟁이 되고 있는 본문 앞에 있는 14절은 인간으로서 예수님의 지상사역(태어나고 죽는 인간들 사이에 태어나고 죽으신)을 다루고 있다(9번 현상).

2. “첫태생”이란 용어는 65번의 인용구들 중 단 한 번도 영원을 언급하지 않는다(창 10:15, 출 12:12, 민 3:2, 신 21:15, 수 6:26, 판 8:20, 삼상 8:2, 삼하 3:2, 왕상 16:34, 그리고 그외 56개의 구절 참조). “첫태생”이 창세기 1장 이전의 그리스도라는 추측은 같은 주제를 다루는 성경의 모든 구절들을 고의로 완전히 부인하는 것이다. [알다시피 오리겐은 존 R. 라이스나 노엘 스미스와는 달리 무오한 성경을 가지고 있었으나 결코 성경을 믿지 않았다.]

3. “첫태생”이란 용어가 영감으로 절대무오하게 원본을 기록하신 성령님에 의해 예수 그리스도께 적용될 때는 항상 마리아와 연관해서 언급된다(마 1:25, 눅 2:7, 롬 8:29 참조).

4. 간단히 설명하자면 골로새서 1:18에서만 “첫태생”이 아무것에도 연관되지 않고, 단지 지상의 탄생을 언급한다(계 1:5의 주석 참고).

5. 히브리서 1:6의 특징적인 본문은 “데려오실 때”라고 말함으로 일시적인 환경 안에서 일어나는 분명한 시간적 요소를 제시한다.

6. 논쟁의 핵심인 시편 2:7은 "오늘 내가 너를 낳았노라."고 되어 있다. 본문의 "오늘"은 – 여러분의 견해나, 학자들이 가르친 것들을 접어 두고 – 예수 그리스도의 눈에 보이는 문자적인 재림을 말한다(시 2:2-6,9-11). 사도행전 7장까지는 초림과 재림이 겹칠 수 있었음을 기억하라(피터 럭크만의 주석서 마태복음, 1996, 말씀보존학회 간, 마태복음 2–4장 참조). 어느 누구도 처음으로 태어나기 전에는 "처음 태어났다"라고 하지 않는 것은 너무 분명하다.

세르베투스는 진리로 인해 불태워졌고, 오늘날 죽은 정통주의 배교자는 (그들의 단짝인 로마처럼) 성경대로 믿는 사람들을 진리로 인해 불태울 것이다.

"진리의 말씀들"을 올바로 나누지 못하는 학자들은 바울의 긴 문장(9–17)을 집어던지고 말았다. 그들은 15절 하반절과 16절에서는 합류했으나, 몸의 성육신을 설명하는 디모데전서 3:16처럼 15절의 상반절은 받아들이기를 거부하는 것이다. 심지어 그들은 학생들에게 상대 구절을 인용할 때에도 그들의 마음은 그것을 거부하는 것이다(9번 현상).

예수 그리스도는 성령으로 태어난 첫 번째 사람이다. [당신의 교수가 언급한 누가복음 1:15과 예레미야 1:5은 적절하지 못하다. 하나님의 시간을 진리를 거부하는 데 사용하지 말라.] 그러므로 예수님은 성령으로 태어날 "많은 형제들 가운데서 첫태생"(롬 8:29)이 되셨다. 구약에서는 누구도 성령으로 태어나지 않았는데(갈 3:6,9; 4:29 참조), 보수주의, 자유주의, 카톨릭의 뛰어난 학자들 중 그 누구도 이 평범한 진리를 찾지 못하여 골로새서 1:15의 혼란을 자초하였다. 예수 그리스도는 그가 새로운 "피조물들"(고후 5:17 – 변개된 NASV처럼 "창조"가 아니라)의 첫 번째라는 의미에서 모든 피조물의 "첫태생"이시고, 그분 안에서 그들은 "새로운 피조물"이 된다(롬 8:16). 또한 예수님은 죽은 자들 가운데서 부활하셔서 다시 죽지 않으신 첫 번째 사람이기에 죽은 자들 가운데서 첫째로 나신 분이다(계 1:5). [모세도 다시 일어났고, 도르카, 유두고, 요나, 나사로도 다시 일어났으나 후에 곧 죽었거나 미래에 죽을 것이다(계 11:2-6).]

학자들이 좋아하는 구절은 러셀파들의 구절로 유명한 요한계시록 3:14이다. 예수 그리스도는 "하나님의 창조를 시작하신 분"으로 나오며, 이것은 명백히 골로새서 1:16과 일치한다. 그러므로 요한계시록 3:14은 골로새서 1:15과는 관련 없는 구절임을 쉽게 알 수 있다. 골로새서 1:15에는 "피조물"이 나오고(KJV, 한글킹제임스성경), 요한계시록 3:14에는 "창조"가 나온다(KJV, <한글킹제임스성경>). 골로새서 1:15에는 "첫태생"이 나오고, 요한계시록 3:14에는 "시작"이 나온다. 절대 무오한 권위 있는 <킹제임스성경>이 얼마나 깔끔하게 진리의 말씀을 나누었는지 보라. 너무 단순하여 누구나 이해할 수 있기에 가장 학식 있는 자들은 할 일이 없게 된 것이다. 이 두 구절 모두에서 영어는 헬라어의 의미를 명확히 정의했다(현상 10).

예수 그리스도는 모든 창조된 것들의 창조의 근원이요, 중보자이시나(요 1장, 골 1:16, 계 3:14), 그는 결코 마태복음 1:25 이전의 어느 날에 "태어나지" 않으셨다. 그는 선존재(pre-existent)의 영원한 관계 안에서 인간의 몸에 해당하는 삼위일체의 한 분이시나, 요한일서 1:1,2 이전에는 "형상"(골 1:15)으로 몸을 나타내 보이지는 않으셨다. "주의 천사"의 몸은(창 1장부터 마 1장까지) 피가 없었으며, 부활하신 몸도 피가 없었다(빌 3:21의 주석 참조).

이 같이 진리에 대한 명백한 설명을 알았을 때, 세르베투스는 옳았고 칼빈이 틀린 것을 알 수 있다. 그리스도의 몸에 대해 진리에서 벗어나 14세기 동안이나 계속된 교양 있는 신학적 논쟁은 오리겐에게 책임이 있으며, 종교개혁 때, 그리스도의 몸(교회)이 성경으로 돌아갈 수는 있었으나(데오도르 엡), 그 옛날의 알렉산드리아 철학자로 인해 다시 성경에서 벗어났던 것이다.

16절은 주 예수 그리스도께서 태어나기 이전, 즉 "첫태생"(15절)이 되기 이전에 행하신 사역을 언급하고 있다. 그래서 16절은 과거이며, 17절은 현재이고, 22-24절은 미래임을 알 수 있다. 15절은 그리스도의 지상생애와 속죄(14절을 보라)를 다룬다. 그리고 영어 <킹제임스성경>의 경우 15절 끝에 있는 "콜론"(:)은 성급한 보수주의자들에게 분명한 경고를 준다.

16절의 마지막에는 또 다른 콜론이 있는데, 이것이 시간의 변화를 보여 준다는 사실은 다른 학자들도 인식하는 것이다. 그러나 그들은 콜론 때문에(그들 모두는 <킹제임스성경>의 구두법을 무시하기 때문에) 그것을 인식하지 못하다가, 이번에는 시간의 변화가 분명하기 때문에 인식한 것이다. 그러나 15절에서는 인식하지 못했다. 성능 시험대에서 <킹제임스성경>의 비평가들은 매번 검사하는 데 실패한다. 그래도 당신은 그러고 싶으면 그들을 의존할 수 있다(14번 현상).

그러나 우리의 서투른 형제들은 아직 끝내지 않고, 본문에 그들의 사사로운 견해를 집어넣음으로 해석자로서의 성령님(눅 24:45)의 권위를 뒤엎으려 하고 있다. "그에 의하여"(16절)를 "그 안에서"(in him, <확대역본>, RV, ASV, RSV, NRSV, NEB, 더멜로우, 벌링거, <모펫성경>, 엘리콧, 라잇풋, 워즈워드, 홉트, 메이어, <위클리프 주석>, 레인지, 클라크, <강단주석>, 피크 목사, 벵겔 등)로 변개시킴으로 "정사들과 권세들"(16절)이 그리스도 안에서 만들어졌다는 이상한 교리가 등장한다. 지혜로운 독자라면 즉시 "정사들과 권세들"이 에베소서 1:21과 6:12의 사탄적이고 마귀적인 영역들임을 알고 있을 것이다.

[그들이 그리스도 안에서 창조되었더라도 그로부터 떨어져 나온 것이 틀림없는데, 그렇지 않다면 우주적인 회복이 있을 것이라는 벌링거(엡 1:10)의 말이 맞게 된다.]

이 진리의 변개를 위한 불완전한 알리바이는 "정확성"이라는 것이다. 헬라어 "en"은 "-안에"(in)로 번역되었고, 예수회의 교황의 명령을 따라 된 <림즈듀웨이성경>도 이를 따랐다. [로마카톨릭은 고린도전서 12:13을 끌어오는데 이는 모든 로마카톨릭 교도들이 성령 대신에 물을 의지하기 때문이다.]

어떠한 상상력을 동원하더라도 "그에 의하여"(by)가 의미하는 모든 것을 "그 안에서"(in)가 의미할 수는 없다. RV, ASV, RSV, NEB, NRSV가 이해하지 못하는 것을 놀랍게도 Living Letters와 <현대인을 위한 기쁜 소식>이 이해하고 있다. <권위역본>의 파괴적 비평가들이 명확함 대신 정확성의 기초 위에 이러한 변개를 가하기에, 우리가 원한다면 우리는 정확성 대신 명확함의 기초 위에 <킹제임스성경>을 보존할 수 있다. 그러나 이 경우에 <킹제임스성경>은 명확할 뿐 아니라 정확하기도 하다. 사무엘 백스터(Samuel Bagster)에 의해 쓰인 <분석 헬라어 원어사전(Lexicons)>의 137페이지를 보면 "en(Gk.) pr. referring to PLACE, in..." 라고 된 것을 알 수 있다. 즉, 헬라어 "en"이 "in"(-안에)으로 해석할 때는 장소를 언급한다는 것이다.

그러나 골로새서 1:16은 장소를 언급한 것이 아니다. 로마서 5:9,10, 마태복음 11:19; 23:16,18,20,23 등도 마찬가지이다. 이제 새로운 "일관된 번역"들이 이 구절들에서 "en"을 어떻게 번역했는지 살펴보라. 그들은 왜 그곳에서는 그들이 싫어하는 <킹제임스성경>을 따라 "By"로 번역했는가!

이들은 모두 예수 그리스도의 신성과 주권을 다루는 구절들의 의미를 분명히 알지 못하는 자들이다. 그들이 동일한 단어를 가지고 비엘세붑을 다룰 때는 아무 어려움 없이 "by"를 사용한다. [변개된 ASV, NASV에서 누가복음 11:15,19을 보라.] 이것이 심각하지 않다고 생각하는가? 그들은 마귀적인 정사와 권세들이 헬라어 "en"이 나왔기 때문에 그리스도 "안에"(in) 있어야 한다고 주장하지만, 그들이 사탄을 다룰 때는 "en"을 "by"로 번역해도 괜찮다는 것이다. 이것이 과학적이고 일관된 번역인가!

<강단주석>은 모든 죽은 정통주의 배교자들을 위해 독단적인 법칙을 아래에다 적어 놓았는데, "En"(헬라어)은 바울 서신에서 결코 "by"를 의미하지 않고 "in"을 의미한다고 했다. 그러나 분명히 ASV나 RSV 위원회를 포함하여 그 누구도 <강단주석>의 핀들레이 박사의 말을 신중하게 듣지 않았다. ASV, NASV, RV, RSV는 모두 "en"을 에베소서 4:14에서 "by"로 번역하였다. 바울이 에베소서를 쓰지 않았는가?(4번 현상)

알다시피 "공인된 학자들" 사이에 있는 법칙은 전혀 과장이 없이 말하면 "가능한 모든 곳에서 <킹제임스성경>을 바꾸고, 그것이 불가능할 때만 그냥 두라. 그러나 잠시 동안만 놔두다가 나중에 또 다른 해석이 떠오르면 그때 바꾸면 된다."는 것이다. 골로새서 1:16의 올바른 해석은 <킹제임스성경>에서 발견되며, "그에 의하여"(by)를 "그 안에서"(in)로 바꾸는 것은 너무 불완전하기에 핀들레이 박사는 "성도들의 영적인 생활은 '그리스도 안에서'(in) 형성되기 때문에... 그 범위 안에서, 자연스러운 창조의 생활이 있다."라고 알리바이를 대야만 했다. 그러나 본문에는 "자연스러운 생활"을 언급하는 것 이상의 무엇이 있다. 또한 시작할 적절한 단어는 "피조물"(creature)이지 "창조"(creation)가 아니다. 1880년부터 학자들의 78% 이상을 살펴볼 때,

우리는 똑똑한 언어학자들이 "과학적인 비평 편집"을 만들기 위해서 "더 정확한 필사본"을 유용하게 사용하지 못함을 볼 수 있다.

우리는 그들이 이브처럼 생각하고(창 3:1-4), 성전 안에서 쓸데없이 참견하여(대하 26:19) 문둥병으로 벌받은 것을 발견한다. 그 뒤로 그들이 만지는 모든 것들에 반점과 종기와 "딱지"가 생기기 시작한다. 사탄은 그리스도 안에서 창조되지 않았다. 거대한 바빌론(계 17장)은 그리스도 안에서 창조되지 않았고, 파라오나 산헤립, 느부캇넷살, 알렉산더, 시저의 보좌도 그 안에 없다. "모든 권세는 하나님께서 정하신"(롬 13:1) 것이며, 잃어버린 죄인들도 지리적으로 하나님 안에서 움직이며, 그들의 자연적인 생명이 하나님에 의해 유지된다고 해서(행 17:28) 그들 역시 "그리스도 안에" 있는가? 절대로 그렇지 않다.

아담으로부터 침례인 요한까지 그 누구도 "그리스도 안에" 없었으며, 매달 태어나는 100만 명의 생명들도 "그리스도 안에서 창조되지" 않았다(골 1:15 주석 참조). 만일 당신의 성경이 "그 안에서 만물이 창조되었고"라고 되어 있다면 당신은 성경을 들고 있는 것이 아니라, 엉뚱한 책에 돈만 허비했을 뿐이다. 만물은 요한복음 1장과 같이 "그에 의하여" 창조된 것이다.

『**...하늘에 있는 것들과 땅에 있는 것들과 보이는 것들과 보이지 않는 것들과...**』(16절). 예수님께서는 스랍(하늘 - 보이지 않는 것)을 만드셨고, 은하수(하늘 - 보이는 것)를 만드셨다. 그는 성운과 성단도 만드셨다(하늘 - 보이는 것). 그는 "끝없이 깊은 구렁"을 만드셨고(땅 - 보이는 않는 것), 천사들(하늘과 땅 - 보이지 않는 것)을 만드셨다. 그리고 그는 다스리는 통치구역(땅 - 보이는 것들)을 만드셨다. 그는 해변과 식물, 나무, 새, 동물, 바위, 강, 산, 바다, 구름, 사람들(땅 -

보이는 것)을 만드셨다.

"그 안에서" 창조된 유일한 것은 바로 "교회"이다(18절). 그러나 오리겐과 어거스틴은 사사롭게 해석하여 15,16절에서 이것을 가르치는 것이다. 그러므로 "모든 피조물의"(of, 15절)를 "모든 피조물 이전의"(before)로, "그에 의하여"(by, 16절)를 "그 안에서"(in)로 바꾼 것은 가짜 성경이라는 확고한 표시이다. 밥존스대학이 이 같이 변개된 NASV를 추천하는 것은 현재 미국의 "보수주의 학교"의 90%가 그렇듯이 그리스도를 높이고 증거를 세우는 대신 그의 말씀(시 138:2)을 변개시키고 그의 영광을 취하는 것이다. <킹제임스성경>이 영광을 얻지 못할 때, 대신 교수진들이 취한 것이다.

<강단주석>의 배교한 저자는 우리에게 "천사 같은 제목들은... 권위 있지 못하다. 오히려 현재 통용되는 것처럼 인용하는 것이 낫다..."(Vol. 20, p.9)라고 말한다. 그러나 그것은 오늘도 여전히 "통용되며," 시카고 대학이나 1980년의 UCLA의 강의실에서 가르쳐진 어떤 것보다 적어도 2배나 더 권위가 있다.

엘리스는 거의 미친 듯이 "그에 의하여"(by, 16절)를 "그 안에서"(in)로 바꾸기 위해 애를 쓰고 있으나, 그것은 이미 1582년의 <림즈듀웨이성경>이 그에게 추천했던 것이다. 그는 마침내 "그 안에서"(in)가 의미하는 것은 "그의 통치 영역"이나 "그의 수단"과 유사한 어떤 것이라고 설명함으로 스스로 걸려 넘어지고 말았다. 그러나 이들은 무슨 짓이든 하면서 즐길 것이기 때문에 아무도 그것을 말릴 수 없다.

『그는 만물 이전에 계시고 또 만물은 그로 말미암아 존속하느니라』(17절). 15절과 16절을 망친 뒤 <킹제임스성경>의 파괴적 비평가들은 남아 있는 것을 가지고 어떠한 건설적인 비평도 하지 못한다. 17

절은 15,16절이 포함되는 문장의 마지막 부분이다. 그러므로 우리는 "믿을 수 있는 역본"과 "공인된 학자들의 견해"로 뜯어고치는 것을 무시하기로 하고 있는 그대로의 진리를 고수하자.

예수 그리스도는 만물 "이전에" 계셨다. 비록 마태복음 1,2장까지 태어나지는 않으셨으나(15절의 주석을 보라), 그는 태초부터 아버지와 함께 계셨고(요 1:1,2), 창세기 1:1 이전에 이미 계셨다. "그는 만물 이전에 계시고"라는 본문은 예수 그리스도께서 우주의 중심이시며, "하나님의 창조를 시작하신 분"(계 3:14)이시고, 그분의 선한 기쁘심을 위하여 만물이 창조되었다는 것(골 1:16)을 의미한다. 그분은 탁월한 위치를 가지셨다. 하나님의 거룩한 성령께서 영예를 준 성경을 공격하면서도 예수님께 탁월한 위치를 주었다고 자부하는 자들은 단지 위선적인 입을 가진 위선자일 뿐이다. 성령의 칼은 단순히 "부활하신 구주를 높여 드리는 것"이 아니라, 그 자체가 하나님의 말씀이다 "그리스도를 높이기" 위해 칼을 내려놓는 변절자, 탈주병, 겁쟁이, 반역자들은 마지막 날들의 배교자들이다. 당신이 높여 드린다고 고백하던 주님께서 오실 때, 주님은 그의 칼을 뒤에 버려 두지 않으실 것이다(계 19:15).

『...**또 만물은 그로 말미암아 존속하느니라**』(17절, 히 1:3; 11:13 참고). <강단주석>은 플라토와 아리스토텔레스의 글에 맞추기 위해 본문을 변개시켰고(Vol. 20, p.11), "철학적인 언어"를 사용하는 것이 바울에게 나타난다고 주장한다(골 2:8 참고).

다시 성경 개정자들과 번역자들은 17절을 가볍게 건너뛰고 있다. 이것은 앞에서도 살펴봤듯이 하나님의 형상을 영적으로 만듦으로 그리스도의 탄생도 영적으로 만들고(영원 안에서), 그분 안으로 마귀들과 잃어버린 천사들(계 12:3-8), 잃어버린 죄인들(엡 2장)을 억지로 밀어 넣어 버린다(16절 주석 참조). 이제 그들은 17절에서 그리스도는 "첫 번째 법칙"과 "동일한 원칙"과 "우주의 범위"로 제시하기 때문에 교회를(18절) 동물원 안으로 섞어버리기 위한 광대놀이가 계속되고 있음을 하나님께서 이미 알고 계신다. 16절에 나열된 것들은 "그의 발 아래"(엡 1:22) 있으며, "그 안에"(엡 1:10 주석 참조) 있는 것만이 그의 몸인 것이다(엡 1:23).

주석가들은 이 주제에 관해 모두 같이 생각하는데, 이는 그들이 오리겐의 누룩에 취하였기 때문이다. 그들은 14절과 19절 사이에 있는 적어도 3가지 이상의 진리들 중 한 가지도 발견하지 못했다. 그러면서도 현대의 편집자들은 <킹제임스성경>의 구두법을 무시하며, <킹제임스성경>의 절 구분을 인정하지 않는다. "일류 보수주의 학자들"은 구두법과 절의 구분이 적절한 이해를 하는 데 도움이 될 것이라는 사실을 결코 인정하지 못한다.

그가 "만물은 존속한다"라고 말할 때, 그것은 16절에 나타난 대로 단순히 "만물"을 의미한다. "만물"은 사탄과 그의 천사들, 우주, 땅, 여자 마귀(슥 5:9), 천사장, 스랍, 그룹, 새 예루살렘을 포함한다. 성경에 의하면 예수님은 이 모든 것들을 동시에 붙잡고 계신다(히 1:3). 우주가 아직 폭발하지 않은 이유는 베드로후서 3:3-10의 말씀이 아직 말해지지 않았기 때문이다(창 1:3). 말씀은 하늘에 영원히 세워졌으며(시 119:89), 그 일부가 우주의 불타는 것을 말할 때 우주는 "알겠습니다."라고 말하고 녹아져 사라진 뒤(계 20:11), 새 예루살렘이 하늘에서 하나님께로부터 내려올 것이다.

1:18 그는 몸인 교회의 머리시라. 그는 시작이시며 죽은 자들로부터

첫 번째로 나셨으니 이는 그가 만물 안에서 으뜸이 되려 하심
이라.
19 이는 모든 충만함이 그의 안에 거하는 것이 아버지를 기쁘게
하였음이며
20 그의 십자가의 보혈을 통하여 화평을 이루고 땅에 있는 것이
나 하늘에 있는 것이나 그에 의하여 모든 것이 자신과 화해하
게 하시려는 것이라.
21 너희가 전에는 악한 행실로 인하여 멀리 떠나 너희의 생각으
로 원수가 되었으나
22 이제는 그의 죽으심을 통하여 그의 육신의 몸 안에서 그가 화
해케 하셨으니 그가 보시기에 너희를 거룩하고 흠 없고 책망
할 것이 없이 드리고자 함이라.
23 만일 너희가 자리잡고 정착된 믿음 안에 계속 있으며 복음의
소망에서 떠나지 아니하면 그러하리라. 이것은 너희가 들었고
하늘 아래 있는 모든 피조물에게 전파된 것이니 나 바울은 이
복음의 일꾼이 되었노라.
24 이제 내가 너희를 위하여 받는 나의 고난들을 기뻐하고 또 그
리스도가 고통받으신 이후에 있는 것을 그의 몸인 교회를 위
하여 내 육신에 채우노라.
25 너희를 위하여 내게 주신 하나님의 경륜을 따라 하나님의 말
씀을 이루려고 내가 일꾼이 되었노라.
26 이 신비는 여러 시대와 세대에 감추어졌다가 이제 그의 성도
들에게 나타났고
27 하나님께서는 이들에게 이방인들 가운데서 이 신비의 영광의
풍요함이 어떠한지를 알리고자 하셨으니 이 신비는 너희 안에

계신 그리스도시요, 곧 영광의 소망이라.

28 **우리가 그를 전파하고, 각 사람을 훈계하며 모든 지혜로 각 사람을 가르침은 각 사람을** 그리스도 예수 **안에서 온전하게 제시하려는 것이라.**

29 **이를 위하여 나도 내 속에서 능력으로 역사하시는 그분의 역사를 따라 수고하며 애쓰노라.**

이 단락을 더 작은 단위로 나누는 것은 불가능하며, 1장 끝까지 한 번에 한 줄씩 상세히 설명할 것이다.

『**그는 몸인 교회의 머리시라...**』(18절). 아직 죽은 정통주의 배교자들과 연합하지 않고 성별된 학생들은 이 단락을 벌링거, 스템, 오헤어가 인용하지 않음을 주목할 것이다. 그들은 항상 에베소서 1:22에서 인용하며 "그의 몸인 교회" 외에도 "그의 몸이 아닌 교회"가 있다는 독특한 암시를 주고 있다. 그리스도인의 머리는 하늘에 있으며, 그의 머리는 그가 빠질 수 없는 "물 위에"(창 1:1-3) 있다. 그러나 알다시피 카톨릭 교회의 머리는 10-15년마다 죽으며, 캠벨주의자들은 매 지역마다 지역 교회가 있으므로 그들의 "머리"는 1,000-3,000개의 "몸들"을 가진 셈이다.

『...**그는 시작이시며**[계 3:14 참조] **죽은 자들로부터 첫 번째로 나셨으니**[골 1:15 주석 참조] **이는 그가 만물 안에서 으뜸이 되려 하심이라**[빌 2:10 주석 참조]』(18절).

『**이는 모든 충만함이 그의 안에 거하는 것이** 아버지를 **기쁘게 하**

였음이며』(19절, 엡 1:23 주석 참조). 이것은 신구약의 보편적인 증거이며, 번역본들을 판단할 수 있는 기준을 결정한다. 본문은 예수님이 만물 안에서 으뜸의 위치를 가지셨고, 이것이 아버지를 기쁘게 했다는 것이다(엡 5:5, 고전 15:25, 요 18:36, 행 2:36, 히 7:25 등). 신격의 충만함이 몸의 형태로 예수 그리스도 안에 거하시기 때문에(골 1:15 주석 참조), 또다시 우리는 그리스도의 성육신한 상태로 되돌아가는데(골 1:15 주석 참조), 이는 그 다음 구절도 우리를 14절로 돌아가게 하기 때문이다. 『**그의 십자가의 보혈을 통하여...**』(20절).

얼마나 <킹제임스성경>을 통해 성령님께서 세심하고 자상하게 이 진리들을 보존하셨는지 살펴보라. 14,15절은 지상에 관한 것이고, 19,20절도 지상에 관한 것이며, 그 둘 사이에 있는 구절들(16,17,18절)은 부활과 높아짐 이후의 그리스도의 현재 상태를 다룬 것이다. [이 구절에 관한 소텐, 빈센트, 라잇풋, 엘리콧, 드웨트, 알포드 등의 주장은 무시해도 좋다.]

예수 그리스도께서는 우주에서 어떤 위치를 가지기 이전에, 성경에서 으뜸의 위치를 가지셨다. 그것은 자신을 인간에게 계시할 목적으로 그분께서 주신 그분의 말씀이다(삼상 3:7,21). 더욱이 그가 "만물 안에서 으뜸"이 되셔야 한다고 말한 것도 바로 성경이다. 예수 그리스도에 관한한 가장 악랄한 공격이 무신론자와 불가지론자를 제외하고는 성경 번역자들과 성경 주석가들에 의해 자행된다는 것이 이상하지 않은가? 누가복음 2:33의 NASV(<개역성경>도 마찬가지임) 번역이 예수님께 으뜸의 위치를 부여하는가? 디모데전서 3:16의 ASV(<개역성경>도 마찬가지임) 번역이 예수님께 으뜸의 위치를 준다고 말할 수 있는가? 히브리서 10:12의 <림즈듀웨이성경, 1582>의 번역이 그러한가? 빌립보서 2:10의 케네스 웨스트 성경 번역이 그러한가? 요한복음 3:13의 <확대역본>이 그러한가? 로마서 9:5을 번역한 <현대인을 위한 기쁜 소식>이 그러한가?

그렇다면 대답해 보라. 만일 누군가가 그가 쓴(딤후 3:16) 자신의 책에서도 자신에게 으뜸의 위치를 줄 수 없다면, 어떻게 그가 "만물 안에서"(골 1:18) 그에게 으뜸의 위치를 줄 수 있겠는가? 적은 것도 못하면서 어떻게 많은 것을 할 수 있는가?

어떻게 예수 그리스도를 으뜸의 위치에서 끌어내리고 기회가 주어질 때마다 그분을 낮추어 버리는 책을 "성경"이라고 추천하고, 사고, 팔고, 후원하는 학교가 "그리스도를 높이고"(어떤 학교가 고백하듯이) 그에게 으뜸의 위치를 줄 수 있겠는가? [무엇이 당신과 내가 생각하는 만큼도 하나님께서 모르신다고 생각하게 만들었는가? 만일 우리가 이 변개된 성경을 통해 하나님을 알 수 있다고 하면, 그 하나님은 성경이 설명하는 위대한 하나님과는 거리가 멀다.]

예수님은 거실에서, 침실에서, 공장에서, 방앗간에서, 교실에서, 가게에서, 차에서, 편지에서, 생각에서, 마음에서, 대화에서, 생활에서, 죽음에서 첫째가 되셔야 하며, 무엇보다 성경에서 첫째가 되셔야 한다.

『**그의 십자가의 보혈을 통하여 화평을 이루고**...』(20절, 갈 5:22과 빌 4:7의 주석 참조). <림즈듀웨이성경, 1582>이나 <조합성경, 1941>, NEB, <필립스역본>과 같은 변개된 번역본들은 화평을 얻는 것은 가능하지만 화평을 가질 수 없다는 로마카톨릭의 가르침을 보존하고 있다. 이것은 로마서 5:1의 긍정문을 가정문으로 오역한 결과이다. ASV, RSV는 비록 그들의 본문에 이것을 반영하지는 않았지만, 모두 이러한 번역을 난외여백에다 언급했다. 이 "변덕스러움"은 ASV와 RSV에 잘 어울리는데, 이들은 표준원문 대신 바티칸, 시내 사본을 사용하여 신구약을 합해서 약 3만 군데를 바꾸었다. "우리도 화평을 가지게 하소서."라는 카톨릭 성경들(<필립스역본>, NEB)은 알렙, A, B, C, D, K, L과 이단 말시온(A.D. 160)의 본문이다(현상 3).

본문에서 보듯이 그가 화평을 만드신다. 본문에서 보듯이 우리는 화평을 가지고, 그의 성령의 열매는 화평이다. 우리가 모든 것을 기도로 그분께 맡길 때, 이 화평이 모든 지각을 초월할 것이다. 이것은 거듭난 성경대로 믿는 그리스도인이 가지고 있던 것으로, 6천 년 동안 세상이 이것을 빼앗으려고 싸워왔다. "우리가 승리하리라"는 노래는 승리하지 못한 사람의 노래이며, "세계 평화"를 위한 기도는 생각과 마음에 화평을 지니지 못한 자의 기도이다. 성경에는 "세계 평화"를 위한 기도란 없다.

구속이 "그의 보혈을 통하여"(14절) 올 뿐 아니라, 화평도 "그의 보혈을 통하여" 오고, 화해도 "그의 보혈을 통하여" 온다. [감리교 주일성경학교의 1949년 4-6월 공과 제목은 "예수님은 자신의 구원의 값을 지불하셨다."로 되어 있으며, 10-12월 공과 제목은 "십자가를 견딤으로 얻는 구원"이다. 존 웨슬리와 프란시스 에즈버리에 비해 엄청난 진보이지 않은가? (만일 다윈이 옳다면 1949년은 반드시 1700-1800년보다 진보해야 한다.)

『...**그에 의하여 모든 것이 자신과 화해하게 하시려는 것이라**』(20절). 이것은 에베소서 1:10과 더불어 보편적 구원을 주장하는 벌링거의 증거 구절이다. 여기서 모든 성경을 공부하는 진지한 학생들은 제미에슨, 포셋, 브라운의 놀라운 주석을 읽어야 하는데 이것이 그 간단한 요약이다.

1. 어떤 천사도 미래에 타락할 수 없다. [베이컨(Bacon)을 인용]

2. 요한계시록 12장의 타락은 창세기 1장 이전이다.

3. 타락한 천사들은 그리스도인과는 다른 "과정들"을 통해 구원받을 것이다.

4. 죄 있는 창조물이 화해되었다. [피조물(creature)을 창조물(creation)로 바꾼 오역의 혼란들을 살펴보지 않았는가? 창조물(롬 8:22)은 사도행전 3:19까지는 화해되지 않으며, 그것도 일시적이다(계 20:7).]

5. 갈보리 당시 하늘에서 화평이 회복되었고, 이로 인해 미카엘이 천사들을 쫓아내 버리는 것이 가능했다(계 12장).

이 같이 어리석은 설명들이 반 페이지나 계속된다(주석 p.1317). 갈라디아서에서 골로새서까지 400구절 이상에서 하나 걸러서 매 단어를 바꾼 알포드와 벵겔도 이 주석에 찬동하고 있다. 그들은 17절의 "by"를 "in"으로 바꾼 전력을 바탕으로 바깥 흑암으로 다 함께 나아가고 있다. <강단주석>은 한 술 더 떠서 "잠재적 화해"에 의존해서 지금 빌립보서 3:20,21이 성취되었다는 이론을 들고 나온다.

만일 여러분이 15-20절에서 "한 가지 생각"을 만들려고 하면, 여러분은 곤경에 빠지고 말 것이다. 성경에서 불못은 "마귀와 그의 천사들"(마 25:41)을 위해 준비된 곳이다. 몇 백만이나 되는 천사들은 아직 타락하지 않았으나, 미래에 그렇게 될 것이다(계 12:4-10). 제미에슨, 포셋, 브라운이 전천년주의자라 하더라도, 요한계시록 12장의 매 구절이 마태복음 24:10-24, 미카 7:14, 요엘 2:30-32과 구약의 구원(계 12:17)을 다루고 있는데도 불구하고, 그들은 요한계시록 12장에서 대환란을 발견하지 못한다.

그러나 학자들의 말 대신 성경을 믿는 우리들은 홍수처럼 쏟아져 나온 그들의 신학적 견해들을 하나님의 말씀을 거부한 자연스러운 결과로 받아들일 뿐이다. 히로시마 폭발은 평화(제의)를 거부한 결과이나, 1945년의 히로시마의 모습은 NASV(1963)나 16세기 주석가들에 비하면 오히려 양호한 편이다.

피크 박사(<헬라어 주석성경>)가 창조물로서 우주가 16,17절의 대상이므로 우주를 위한 우주적 구속이 20절의 주제라고 말한 것은 진리와 상관없이 단지 모든 배교한 근본주의자와 보수주의자를 위해 말한 것이었다. 이것은 하나님의 말씀을 변개시켜 부패한 인간의 본성에 맞춘 것이며, 전체적인 주장은 간단하게 "하나님께서 결국 사탄과 그 천사들과 그 외 모든 것들을 구원하실 것이니 너무 염려하지 말아라. 당신은 무사히 그곳에서 나올 테니."라는 것이다. [이 같은 표현은 전혀 과장된 것이 아니다. 이것은 렌돌 목사와 제미에슨, 포셋, 브라운, 피크, 더멜로우, 레인지, 클라크, 벌링거, 핀들레이의 주석과 책들을 간접적으로 인용한 것이다. 윌리엄스는 이미 18절에서 뒤로 물러나서는 20절에는 어떤 주석도 달지 않았다).

우리가 어떤 진리를 찾기 원한다면, 우리는 "헌신된 학자," "믿을 만한 학자," "확실한 학자," "보수적인 학자," "나무랄 데 없는 학자"들의 의견을 내려 놓아야만 한다는 사실을 명심해야 한다.

1. 18절의 "만물"은 분명히 에베소서 1:10의 "만물"이다(엡 1:10 주석 참조).

2. 18절의 "만물"은 분명히 사도행전 3:21의 "만물"이다.

3. 18절의 마지막 마침표는 미친 돼지떼처럼 강으로 뛰어내려 가지 말고 멈추거나 적어도 속도를 늦추라는 분명한 경고였다.

16,17절의 "만물"은 20절의 "만물"과 다르며, 시제가 현재에서(16,17절), 과거(19,20절)로 바뀐 것은 또 다른 정지표시이자 바리케이트이다. 그러나 어느 누구도 이것을 주의하지 않았다. 그들은 그들 자신의 능력, 재능, 지위, 자만에 사로잡혀서 "원본에는 바리케이트가

없다"라고 생각한다. 만일 원본에 바리케이트가 없으면 <킹제임스성경>은 "원본"보다 진보된 것이다(10번 현상).

19절은 육신으로 계셨던 그리스도의 지상생애를 언급하며, 모든 비평가들도 이 사실을 인정하고 있다. 죄인들을 위한 그의 보혈의 속죄(딤전 1:15)는 이때 완성되었고(20절), 이 세 가지를 성취함으로 화평이 이루어졌다.

1. 유대인과 이방인 사이의 가로막힌 중간벽을 허무셨다(엡 2:11-18 주석 참조).

2. 구원받지 못한 남자와 여자를 위한 화해를 가능하게 만들었다(고후 5:20, 엡 2:16).

3. 그들의 생명이 피에 있는 자들을 위해 과거의 범죄들을 구속하셨다(골 1:14의 주석).

천사들은 피가 없다. 피크 박사나 그 부류의 학자들이 그들의 서문에서 다룬 "천사학"은 성경과 무관하게 페르시아 사상과 조로아스터교와 천사 숭배 사상을 합쳐 놓은 듯한 정신나간 신학에 불과하다. 어떻게 피 없는 자들이 피로 화해될 수 있는가? 피 있는 자라 할지라도 속죄로써 피를 취하지 않고 어떻게 화해될 수 있는가? 어떻게 조금도 양보하지 않는 두 부류를 화해시킬 수 있는가? 어떻게 불타 버리기로 정해진 우주를 화해시킬 수 있는가?

<킹제임스성경>에서 두 글자로 된 단어를 바꿈으로(16절 참조) 영원한 결과와 영원한 열매를 생성시킬 수 있다. 만일 당신이 이 세상에서 살았던 가장 현명한 사람이라면 그것을 할 수 있고 없앨 수 있다고 생각할 정도로 어리석다면, 당신은 하나님과의 교제에서 멀리 떨어져 나갈 것이다. 세상이 화해되었다 하더라도(과거, 고후 5:19), 바울이 그들을 화해시키고자 간청하기 때문에(미래, 고후 5:20) 확실

히 구원받지 못한 자에 대한 언급은 아니다. 우주도 마귀적인 권세로 가득 차 있기에(단 10:13) 깨끗하지 못하고(욥 15:15), 그 운명도 불타 버릴 것이기 때문에(벧후 3:3-10) 더욱이 우주에 대한 언급도 될 수 없다.

그러면 20절의 "만물"은 화해를 받아들일 만물(고후 5:19)과 그리스도의 몸이 나타났을 때(엡 2:16) 그 몸 안에서 하나가 되기를 원했던 모든 자들(엡 2:14,15)을 말한다.

승리한 교회와 전투 중인 교회는 비록 전자는 하늘에 있고 후자는 땅에 있지만 한 몸이다(엡 2:4-6 주석). 마지막 화해에서(계 21,22장)도 사탄은 여전히 불못에 있고, 음행하는 자들과 거짓말하는 자들도 그들이 "교회에는 너무 많은 위선자들이 있어"라고 말하며 구원의 초청을 거절할 때처럼 여전히 화해하지 않고 있다. 피크 도사와 제미에슨, 포셋, 브라운의 주석(그들과 같은 다른 300명의 학자들도)은 현대주의자들의 꿈이며, 탈무드나 코란보다 더 성경적 진리와 그리스도인의 진리와 거리가 멀다. 이들이 구원받은 자라거나 전천년주의자라는 사실이 이러한 상황을 바꾸지 못한다. 만일 여러분이 사람을 따랐기 때문에 하나님의 진리를 거절했다면 - 이 사람들은 언제나 "원본 헬라어" 대신에 "사람을 따르도록" 외친다 - 여러분은 어떤 이유로 진리를 거부하게 된다. "유능한 학자들"은 여러분이 성령님 대신 그들을 따르도록 할 것이다. 소경이 소경을 인도한다는 사실을 입증해 보이는 것이다.

『**너희가 전에는 악한 행실로 인하여 멀리 떠나 너희의 생각으로 원수가 되었으나**』(21절). 멀어져 있던 다른 자들이 화해케 되었고, 이제 "너희"(골로새인들)가 속죄의 유익들(엡 4:17-19 주석 참조)을 받아들였다. 『**땅에 있는... 모든 것이**』(20절)는 이방인들을 포함하고(엡

2:12), 『**하늘에 있는... 모든 것이**』(20절)는 예수 그리스도의 승천 때 함께 올라간 구약성도들(엡 4:9,10 주석 참조)을 포함한다.

『**...그가 보시기에 너희를 거룩하고 흠 없고 책망할 것이 없이 드리고자 함이라. 만일 너희가 자리잡고 정착된 믿음 안에 계속 있으며...**』(22,23절). 독자들은 여기 "그의 육신의 몸 안에서"(22절)나 "너희 안에 계신 그리스도"(27절)와 같이 "안에"(in)라는 단어가 사용되는 것을 주목해야 한다. 본문에는 주석가들이나 개정자들이 이 단어를 사용하는 것처럼(16절) 그렇게 사용되지는 않는다. "안에"(in)는 헬라어 "εν"이 위치를 나타낼 때 "εν"의 정확한 번역이다. "그리스도 안에" 있는 것들은 구원받았고, 회복되었으며, 화해되었으며, "보좌들이나 주권들이나 정사들이나 권세들"(16절) 같은 것들은 "그 안에" 없다.

23절의 "만일"(if)은 많은 주석가들을 빗나가게 하는데, 이는 그들 대부분이 그리스도의 심판석(고후 5:10)을 믿지 않기 때문이다. 이것은 NASV와 다른 변개된 성경들이 로마서 14:10의 "그리스도의 심판석"을 "하나님의 심판석"으로 변개시킨 사실만 보더라도 알 수 있다.

22절은 단순히 "화해" 이상의 다른 무엇을 가리키는데, 그것은 데살로니가전서 5:23과 주께서 오실 때 그리스도의 심판석(고후 5:10)에서의 성도들의 상태를 가리킨다. 그때 많은 그리스도인들이 그들의 거룩하지 못함으로 인해 책망과 비난을 받을 것이다(엡 5:2-5 참조). 이것은 특별히 믿음 안에 "자리잡고 정착되지" 않은 자들과 "복음의 소망 안에서 떠난"(23절) 자들에게는 더욱 그럴 것이다. 오늘날 우리 주위에는 이러한 그리스도인들이 무수히 많다. 복음의 "소망"은 쉽게 로마서 8:23과 디도서 2:13로 설명된다. 그러나 현대 주석가들(그들 중 그리스도인들도 많이 있지만)의 글을 통해 볼 때 이 "복된 소망"

이 그들 마음에 있을 것 같지 않다(빌 3:10-14; 3:20,21의 주석 참조). 남침례교도에게(뉴햄프셔 신앙고백에 의하면) "복된 소망"은 "사람의 마음에서 하나님이 통치"하심을 통해 결국 세상을 예수 그리스도께로 회심시키는 것이다. 그러나 이것은 자리잡고 정착되지 아니하며 뿌리도 없는(유 1:12) 사람의 고백으로, 그는 "복음의 소망"에서 떠난 자이다. 자유주의 교회나 신정통주의 교회에는 비록 구원은 받았으나, "믿음"(23절, 유 1:3)에 대해 노만 빈센트 필이나 알버트 슈바이처보다 개념이 없는 자들이 무수히 많다.

에베소서 2장을 야고보서 2장의 빛 안에서 해석하는 자들은 진흙(흐르는 모래)에 자리잡고 정착한 사람과도 같다. 산상수훈이나 마태복음 16장에서 성경공부를 시작하는 사람은 바람에 흔들리는 풍선보다 더 믿음에 정착해 있지 않다. NASV(1960)나 <현대인을 위한 기쁜 소식>이나 <확대역본>이 성경이라고 생각하는 자들은 모래 언덕에 참나무를 자리잡게 하는 것보다도 더 믿음에서 자리잡지 못했다. 어떤 종류의 그리스도인이라 할지라도 세상의 소망이 종고적 통합이나 경제적 수준에 달려 있다고 생각하는 사람들은 "복음의 소망"으로부터 멀리 떨어져 있는 자들이다.

"복음의 소망"과 "영적인 소망"(27절)은 "복된 소망"이며, "정결케 하는 소망"이고, 히브리서 6:19의 "확실하고 견고한 소망"이다. 이 소망을 지키는 자는 그리스도의 심판석에서 "그가 보시기에 거룩하고 흠 없고 책망할 것이 없이"(22절) 나타날 것이다. 이것을 이루기 위해 그리스도인은 "날마다" 죽어야만 하고(고전 15:31), "몸의 행실을 죽여야 하고"(롬 8:13), 위에 있는 것에 마음을 두어야 한다(골 3:2). 바울은 하루 24시간 내내 이렇게 하는 것이 불가능함을 알았지만(롬 7:15-24), 그는 열심히 수고했고(빌 3:7-14의 주석) 싸웠다.

이 해석에 조금이라도 의심이 있다면 28,29절을 살펴보라. 『**우리가 그를 전파하고, 각 사람을 훈계하며 모든 지혜로 각 사람을 가르침은 각 사람을** 그리스도 예수 **안에서 온전하게 제시하려는 것이라**』(28절). 이것이 빌립보서 3:15의 찬사와 얼마나 정확하며, 그에 대한 주석과 얼마나 잘 어울리는지 주목하라. 『**이를 위하여 나도 내 속에서 능력으로 역사하시는 그분의 역사를 따라 수고하며 애쓰노라**』(29절).

바울은 도달하려고 수고했고, 도달하는 다른 사람을 얻으려고 애썼다. 이것이 22,23절의 의미이고, 이것이 구원에만 한정된다는 오해를 하지 않게 하려고 "만일(if)의 의미를 충분히 설명한 것이다.

『...**하늘 아래 있는 모든 피조물에게 전파된 것이니**...』(23절). 알렉산드리아의 교수진들은 이 구절에 문제점을 느꼈다. 오리겐(184-254)은 "모든 것에는 논리적 원인이 있다"는 헬라어의 경험으로 달려가 본문이 마가복음 16:15과 상반되기 때문에 틀림없이 바울이 실수했다고 설명한다. 우리가 알다시피 오리겐, 유세비우스, 제롬, 어거스틴, 웨스트코트, 홀트, 네슬, 알란드, 트렌취, 알포드, 래취만, 그리스바흐, 티쉔돌프, 트레겔레스, RSV(1946)는 마가복음 16장으로 인해 곤란을 겪고 있다.

만일 복음이 바울이 편지를 쓸 때 "하늘 아래 있는 모든 피조물"에게 이미 전파되었다면, 계속해서 복음을 전해야 할 역사적 의미는 무엇인가?(마 24:14 참조) 위임이 성취되었다면, 왜 전 세계가 유네스코의 건강, 교육, 복지위원회 아래서 하나의 거대한 연합된 가족으로 살지 않는가? 확실히 성령께서 실수하신 것인가? 그렇게 생각했기 때문에 오리겐과 그의 친구들은 "피조물"(creature)을 "창조물"(creation)로 바꾸었다. 그러나 우리는 이전에도 여러 번(골 1:15,

고후 5:17) 이러한 거짓말을 봐왔기 때문에, 어떻게 이것들을 다루어야 할지 알고 있다. 최상의 방법은 본문을 있는 그대로 두는 것이다. [헬라어 학자들이 표준원문을 가지고 극복하기 어려운 문제들이 성경대로 믿는 그리스도인에게는 아무런 문제도 되지 못한다.] 복음은 다음과 같은 의미에서 모든 피조물들에게 전파되었다.

1. 복음은 모든 피조물들을 위한 것이었다.

2. 복음은 세상에서 선택된 어떤 사람들만 아니라, 세상에게 선포되었다.

3. 복음은 모든 인종, 모든 나라, 모든 시대의 모든 사람을 위한 것이다.

바울은 지금 마가복음 16:15에서처럼 어떤 개인이 다른 누군가에게 전파하는 개인적인 선포를 말하는 것이 아니라, 인류에게 향하신 하나님의 선포를 말하는 것이다. 이는 다음에 나오는 말들을 볼 때 너무나도 명백하다. 『...하나님**의 경륜을 따라** 하나님**의 말씀을 이루려고 내가 일꾼이 되었노라**. **이 신비는 여러 시대와 세대에 감추어졌다가 이제 그의 성도들에게 나타났고** 하나님**께서는 이들에게 이방인들 가운데서 이 신비의 영광의 풍요함이 어떠한지를 알리고자 하셨으니...**』(25-27절).

복음은 모든 피조물들에게 선포되었기에 주님은 어떤 특정한 사람을 이방인들(그들도 역시 "그 안에" 있다고 말해진다, 27절)을 향한 일꾼으로(23절) 선택하셨다. [23,24절의 주석은 디모데전서 1:11-13, 디모데후서 1:11-13, 로마서 1:5, 에베소서 3:1; 6:19,20과 사도행전 9:16에서 발견할 수 있다.]

『**...나의 고난들을 기뻐하고 또 그리스도가 고통받으신 이후에 있**

는 것을 그의 몸인 교회를 위하여 내 육신에 채우노라』(24절). 이 명백한 대조를 살펴보라. 예수 그리스도의 고난을 언급하는 "그의 육신"(22절)과 바울의 고난을 언급하는 "나의 육신"이 대조되어 있다. 바울의 사역은 특별한 고난의 사역이었다(행 9:16, 딤전 1:16). 이것은 극단적 세대주의자들이 가끔 잊어버리는(빌 3:10, 갈 6:17의 주석 참조) 바울의 사역의 특정적인 부분 중 하나이다(고후 1-4장). 극단적 세대주의자들은 감옥에 들어가지도 않았고, 돌에 맞지도 않았으며, 채찍에 맞지도 않았고, 은혜에 의한 구원을 전파한다고 고난당하지도 않았다. 그들 중 대부분은 침례교도와 장로교도들을 개종시키려고 고난당할 뿐이다. 한 명의 극단적 세대주의자가 감옥에 던져질 동안 50명의 침례교도가 눈물을 흘리며, 100명의 성경대로 믿는 감독교회 회원들이 불에 타 죽고, 1,000명의 왈덴스와 알비겐스가 목 잘려 죽었다.

조심스러운 독자라면 이번에는 바울의 고난이 "몸의 신비의 진리"를 알리는 것과 상관없이(유명한 벌링거주의자들은 그렇게 주장하지만), "너희 안에 계신 그리스도"의 신비(27절)를 알리고자 함임을 알게 될 것이다. [누구라도 즉시 베이커와 스탬이 골로새서 대신 에베소서를 좋아하는 이유를 알 것이다. 알다시피 바울은 하나가 아닌 여섯 가지 신비를 말하였다(딤전 3:16, 고전 15:51, 골 1:27, 엡 5:32, 살후 2:7, 롬 11:25). "현재의 진리"는 "한 몸의 신비"보다 훨씬 향상된 것이다.]

바울은 그의 사역이 그리스도의 사역의 연장(롬 15:8,16)임을 증명하기 위해 고난을 받았다(마 5:12, 빌 2:17, 고후 1:5). 그리스도께서 이스라엘의 일꾼이셨듯이(롬 15:8), 바울은 이방인들을 향한 일꾼이었다(23절). 그렇다고 바울이 그리스도와 동등하다든가, 바울의 고난이 그리스도의 대속의 고난의 의미를 지닌다는 말을 하는 것이 아니다. 단지 유사성이 있다는 것이다(『...**그리스도가 고통받으신 이후에 있는 것을... 내 육신에 채우노라**』). 그리고 이 말은 갈라디아서 6:17의 『**나는 내 몸에** 주 예수**의 표들을 지녔느니라**』와 너무나 비슷하다.

예수 그리스도는 죄인들의 죄들을 속죄하기 위하여 대신 고난을 받으셨다(사 53:3–8). 바울은 구원받은 이스라엘 사람들과 연합된 몸을 함께 누릴 이방인들의 유익을 위해 대신 고난을 당했다(엡 3:1 참조).

『**이 신비는 여러 시대와 세대에 감추어졌다가 이제 그의 성도들에게 나타났고**』(26절)에서 이 신비는 "한 몸의 신비"나 "신비의 몸"이나 "한 몸인 교회"(엡 3:1–4 참조)가 아니라 『...**너희 안에 계신 그리스도시요, 곧 영광의 소망이라**』(27절)이다. [헬라어 "εν"은 위치를 말할 때는 "안에"(in)임을 기억하라, 골 1:16 주석 참조.]

성경을 주의 깊게 읽는 학생은 웨스트, 그레이, 에드만, 웨니거, 피어슨, 무어해드, 우드브리지, 해리스, 스코필드, 오르, 게벨라인, 페팅길의 글들에 있는 오류로부터 간단한 진리를 배울 것이다. 그들은 구약에서 성령이 사람들 "위"(on)에만 있다고 알았지만 사실은 그들 "안"(in)에도 있었다(창 41:38, 출 28:3, 민 27:18, 벧전 1:11 등). 스코필드의 잘못된 주석(뉴스코필드 주석성경에도 여전히 그 오류가 남아 있다.)은 재판관기 11:29; 13:25; 14:6,19, 사무엘상 10:6,10 등과 같은 구절만 강조하고, 다니엘 4:8; 6:3, 이사야 63:11 등의 구절들을 무시함으로 구약에는 성령이 사람 "위"(on)에만 있다고 생각하게 만들었다.

물론 구약의 그 누구도 그 안에 예수 그리스도께서 내주하시지는 않았다. "그리스도의 영"(벧전 1:11)이 그들 안에 있었지만, 성령은 그들에게 부활한 구주께서 영원히 내주하신다는 지식(요 14:10)을 주시지 않았다. 그때는 아직 구주께서 나타나지도 않았고, 죽지도 않았으며, 부활하지도 않았고, 성령께서 영원히 내주하시도록 보냄을 받지도 않았기 때문이다(엡 4:30 주석 참고).

그래서 이것은 결합된 몸이 신비이듯이 여러 시대와 세대에 감추어졌던 "신비"였다. 결합된 몸이 나타났던 것과 같이 사도행전 18장 훨씬 이전에 (엡 3:1–6 주석 참조) "너희 안에 계신 그리스도"의 계시도 나타났다. 바울은 에베소서나 골로새서를 쓰기 훨씬 이전에 갈라디아서 2:20에서 이 표현을 사용하였다. [참고 구절은 데살로니가전서 3:13, 고린도전서 15:10; 9:17, 디모데전서 3:16, 베드로전서 1:20, 에베소서 3:17, 로마서 8:10 등이다.]

28,29절은 22,23절과 연관해서 언급한 바 있다. 29절의 참고 구절은 고린도전서 15:10이고, 빌립보서 2:13과 4:13의 주석도 참고할 필요가 있다.

극단적 세대주의자인 윌리엄스는 진흙에 붙은 그의 바퀴들을 27절에서 다시 꺼내어 베이커, 스탬, 벌링거와 함께 바퀴들을 돌리고 있다. 윌리엄스는 지금까지 출판된(1525–1980) 모든 영어 성경의 헬라어 본문과 영어 역본들을 완전히 무시하고, 27절의 "신비"가 에베소서 3장의 신비라고 주장한다. 이것은 "너희 안에 계신 그리스도"라는 모든 헬라어 필사본의 명백한 증거 앞에서 행한 뻔뻔한 짓이다. 그러나 이런 뻔뻔스러운 짓은 비단 윌리엄스에게만 발견되는 것이 아니라, 스탬, 벌링거, 칼빈, 핫지, 닐, 핑크, 커스터, 알렉산더 캠벨(에베소서의 서문을 보라)과 같은 사람에게 나타나는 전형적인 모습이기도 하다. 그들은 성경의 모든 구절들을 자신들이 좋아하는 장난감보다 가볍게 취급한다. 칼빈주의자들을 보더라도, 그들은 자유의지가 나오는 구절을 포함하여 모든 성경 구절에 선택을 집어넣는다. 또한 벌링거주의자는 “몸의 신비”를 “현재의 진리”에 맞추기 위해 전체 성경을 없애버린다. 윌리엄스는 27절의 성령을 제한하고 입을 막고자 시도하여 마치 성령께서 아무것도 시작하지 않을 것처럼 꾸몄다. 그러나 26-29절 어디에도 “몸의 신비”와 관련되는 구절은 없다. 알렉산더 캠벨처럼 윌리엄스는 본문에다 그의 사사로운 견해를 집어넣었을 뿐이다.

골로새서 2장

2:1 내가 너희와 라오디케아에 있는 사람들과 또한 나의 육신의 얼
굴을 보지 못한 많은 사람을 위하여, 얼마나 큰 갈등을 가지고
있는지 너희가 알기 원하노니
2 이는 그들의 마음이 위로를 받고 사랑으로 엮어져서 완전한 이
해의 확신이 모든 풍요함에 이르러 하나님과 아버지와 그리스도
의 신비의 지식에 이르게 하려 함이라.
3 그의 안에는 모든 지혜와 지식의 보화가 감추어져 있느니라.
4 내가 이것을 말하는 것은 어떤 사람도 현혹하는 말로 너희를
속이지 못하게 하려 함이라.
5 내가 비록 육체로는 떠나 있으나 영으로는 너희와 함께 있어
기뻐하며 너희의 질서와 그리스도를 믿는 너희 믿음의 굳건함을
보노라.
6 너희가 그리스도 예수를 주로 영접한 것같이 그분 안에서 행하라.
7 그분 안에 뿌리를 내리고 세움을 받아 가르침을 받은 대로 믿

음 안에서 확고히 되어 그 안에서 감사함을 넘치게 하라.

독자들은 1절의 표현이 갈라디아서 1:22의 표현과 다른 점을 주목해야 한다. 1절과 2절은 별다른 설명이 필요 없다. 바울은 자신이 그들을 그리스도께 인도했든지 인도하지 않았든지에 상관없이 모든 이방인 개종자들에게 부담을 가지고 있었다. 바울은 자신의 회심자들을 위해 기도하면서 괴로워했다(갈 4:19). 여기서 그는 골로새인과 라오디케아인들이 삼위일체(2절)는 물론 어떻게 서로 함께 살지를 배우고 성숙한 그리스도인으로 자라가는 것을 확실히 하기 위해 기도로 수고하며 정사들과 권세들과(단 10:13) 싸웠다! 성령께서 "행간에" 쓰신 것을 보면 주 예수께서 휴거를 앞둔 마지막 때의 죽은 정통주의, 보수주의자들을 심히 염려하심을 알 수 있다(서문을 보라).

우리는 예수님을 육신으로 보지 못했고(1절), 우리는 교육과 학교들로 인해 정신나간 세대(와 교회)에 있다. 주일학교는, 로버트 레익스에 의해 1880년에야 나타난 최근의 발명품이지만, 이 주일학교가 복음 전파의 기능을 대신한 것은 사실이다. 뒤따라 나오는 것은(골 2:8 주석 참조) 이 논제가 확정적임을 입증하는데, 이는 모든 주석가들이 8절에서 그들의 죄를 가리기 위해 노력했기 때문이다.

[1,2절의 주석은 빌립보서 1:8,25-30, 에베소서 6:22, 골로새서 1:17,18을 참고하라.]

『...**하나님과** 아버지**와 그리스도의 신비의 지식에 이르게 하려 함이라**』(2절). "본문의 혼란스러운 상태"(네슬의 각주를 보라)는 NASV의 후원자들이 다시 발끝을 채였고, 압정으로 뒤덮인 마루에서 어두움 가운데서 행했음을 보여 준다. 바티칸 사본은 골자를 빼버려 망쳐진 파피루스 46을 따라 "아버지와"(and of the Father)를 삭제하고, "그리스도의" 앞에 "καὶ"(헬라어 and)를 삭제해 버렸다. 계속해서 필립스, 웨이마우스, 모펫, 윌리엄스, 엘리스, 핀들레이, 더멜로우, 클라크가 그 뒤를 따랐고, RV, ASV, RSV, NRSV, New RV, NEB, <개역성경>도 같은 대열에 합류했다.

다시 우리는 "확실하고, 비난의 여지가 없는" 학자들의 의견을 떠나서 성경으로 돌아가자.

바울의 스타일은 (<킹제임스성경>의 파괴적 비평가들이 화제로 삼는) "하나님과 아버지"("God and the Father" or "God and Father")이다(고후 1:3; 11:31, 갈 1:4, 엡 1:3, 골 1:3). 2절에서 단어들이 삭제된 것은 성경 자체가 증거하는 것을 무시하고, 무엇이 올바른 것인가를 결정할 때 성경을 참고하기를 거부하는 자들의 작품이다. 아프리카가 이러한 학자들의 고향임은 성숙한 그리스도인이면 누구나 쉽게 알 수 있다(엡 4:13,15 주석 참조). 다시 원래의 변개자는 골로새서 1:23에서 가졌던 동일한 문제에 직면하게 된다. 그는 "아버지"와 "하나님"을 동일시했기 때문에, 어떻게 세 가지 신비가 있을 수 있는지 설명할 수가 없다(스탬, 베이커와 마찬가지로 한 가지 신비만 허용될 뿐이다). 여느 때와 같이 절대무오한 <A.V. 1611>의 본문만이 눈을 밝혀줄 것이며, 마음을 열어 드웨트, 알포드, 트렌취, 립시우스, 호프만, 랜돌, 홀트, 라잇풋, 웨스트코트, 빈센트, 엘리콧, 피크가 완전히 실패해 버린 곳에서 "완전한 이해의 모든 풍요함"을 주실 것이다.

1. "하나님의 신비"는 요한계시록 10:7에 정의되어 있으며, 초등학교 6학년 이상의 교육을 받았다면 어떤 주석가나 개정자도 결코 참조 구절을 놓칠 수 없기에, 그들은 변명을 하지 못할 것이다. 여러분이 헬라어 고전주의자나 헬라어 문법학자들을 다룰 수 있다면, 여러

분은 확실히 <킹제임스성경>을 읽을 수 있다(8번 현상).

2. "아버지의 신비"는 디모데전서 3:16과 이사야 9:6에 정의되어 있으며, 골로새서 본문에 다시 언급되고 있는 것이다(골 1:15을 보라). 아버지는 아들이셨고, 아들은 아버지이셨다.

3. "그리스도의 신비"는 에베소서 3:4에서 "그리스도의 신비"라 불리며, 에베소서 3:1-9에 정의되어 있다. 이것이 의심스러울 때는 당신이 서고에서 <킹제임스성경>만 빼놓고 모든 종교서적들은 집어던져 버리고, 다시는 ASV (1901)나 NASV(1960)가 진리를 정확히 제시하는 데 기여할 것이라고 생각하는 잘못을 범하지 말라. 현명한 학생이라면 밥존스대학 같은 곳에 들어가 NASV가 신뢰할 만한 번역본이라고 하는 교육에 세뇌당하지 않을 것이다. 심지어 공산주의자와 로마카톨릭의 RSV도 이 구절은 <킹제임스성경>을 따르고 있다. 밥존스대학이 추천하는 NASV와 RSV의 차이점은 사탄이 RSV를 가지고 성경대로 믿는 사람을 바보로 만들 수는 없으나, NASV를 가지고는 그럴 수 있다는 점이다. 이 점에서 볼 때 RSV는 NASV에 비하면 덜 위험한 책이다.

『**그의 안에는 모든 지혜와 지식의 보화가 감추어져 있느니라**』(3절). [에베소서 3:16,19의 주석을 참고하고, 특별히 잠언 1:1-10의 주석을 살펴보라). 부요함과 보물과 보화가 (사람이 아는 것인) 지식과 (사람이 알고 있는 것을 적용하는 것인) 지혜와 연관하여 "그리스도 안에"(고전 1:30) 있다. 본문은 그리스도인들에게 선생들과 교육가들을 반대하여 경고할 목적으로 표현된 것이다. 왜냐하면 곧바로 다음의 문장이 뒤따르기 때문이다. 『**내가 이것을 말하는 것은 어떤 사람도 현혹하는 말로 너희를 속이지 못하게 하려 함이라**』(4절). (에베소

서 4:14, 고린도전서 2:1,4,13, 디모데전서 6:20을 보고 특별히 로마서 16:18을 참고)

사람의 지혜(고전 2:1-4)의 현혹하는 말들은 "정중한 말"로 만들어 진리를 가리는(롬 16:18) 복잡한 상황(고후 11:3)을 의도적으로 만들 뿐이다. 이것이 과학과 철학의 목적이다. 역사가 기록된 6천 년 동안 그 어떤 과학의 발견도 인류의 주요한 문제점 중 단 한 가지도 해결하지 못했고, 오히려 더 많은 문제들을 야기시켰을 뿐이다.

4절의 "어떤 사람"은 8절의 "어떤 사람"이다. 셰익스피어, 밀튼, 테니슨, 타케리, 쉘리, 캣츠, 다윈, 헉슬리, 헤겔, 캐플러, 뉴튼, 프로이드, 마르크스, 파블로프, 러셀, 듀웨이, 로버트슨, 쉐프, 트렌취, 드라이버, 웨스트코트, 홀트, 페인, 존 라이스, 볼테르, 루소, 벨 하우젠, 홉스, 흄, 엥겔스, 스피노자, 칸트, 라플라스, 코메니우스, 아리스토텔레스, 플라토, 빈센트, 스펭글러, 아인슈타인, 워즈워드, 홉트, 네슬, 밥 존스 3세, 소포클레스, 모택동, 소크라테스, 데이비드 루벤, 이사도라 루비나, 킨세이, 리브만, 쉰, 교황 요한, 교황 바오로, 교황 레오, 교황 그레고리, 그외 당신이 들어본 4,000명이 넘는 철학자, 과학자, 교육자, 정치가가 "어떤 사람"에 포함될 수 있다.

바울은 "현혹하는 말"을 하지 않았으며, 그의 설교는 샘 존스, 밥 존스 시니어, 프랭크 노리스, 모데카이 함, 마틴 루터, 길버트 테넌트가 했던 것처럼 그의 어휘, 그의 자세, 그의 평판에 대해 다른 사람이 어떻게 생각하든 상관하지 않는(갈 1:9,10 주석 참조) 무례한 사람의 언어였다. 엘리스(<위클리프 주석>)의 설교와 올리버 그린의 설교를 비교해 본다면 이 구절의 의미를 즉시 알 수 있을 것이다. 핀들레이(<강단주석>)의 설교와 라킨의 설교를 비교할 때도 우리는 다시 그 차이를 볼 수 있다. 신학교로 숨어 기어 들어간 죽은 정통주의 배교자의 설교는 항상 어느 정도의 수준과 교양과 공손성과 세련미와 지식의 냉정함을 지니기에 이들은 결코 바울과 친해질 수 없으며, 아무리 노력해도 불가능하다. 바울의 열정적인 맹세(갈 1:8)와 예수 그리스도의 격양된 악담(마 23장)은 바로 하나님의 마음으로부터 쏟아져 나온 것이다. 이 말씀들은 첫째 계명을 지키는 사람과, 두뇌가 성별이라고 생각하고 언어 능력을 영적 분별력으로 또 학위를 성령충만이라고 생각하는 자기 중심적이고 잘난체 하는 사람과의 차이점을 보여 주기 위해 기록되었다. 우리는 다시 8절에서 이 "공인된 학자들"과 마주칠 것이다.

5절은 별다른 설명이 필요 없다(살전 2:17과 고전 5:3,4을 보라). 이 회심자들의 "질서와 굳건함"은 바울에게 기쁨이었다. 또한 그것은 그들이 단순히 "구원받은 죄인"이 아닌 진정한 그리스도인(행 11:26)이 되도록 그가 기도로 수고했을 때, 1절에서 볼 수 있었던 그의 갈등에 대한 보상이기도 하다.

6절은 갈라디아서 3:2-4과 5:1의 표현과 일치한다. 여러분은 믿음으로 구원받았고(엡 2:8-10), 믿음으로 행해야 한다(고전 3:9-12).

『그분 안에 뿌리를 내리고 세움을 받아 가르침을 받은 대로 믿음 안에서 확고히 되어...』(7절).

진정한 그리스도인은

1. 뿌리를 내리고(7절, rooted).
2. 자리잡고(1:23, grounded).
3. 정착되고(1:23, settled).
4. 확고히 되고(7절, established).
5. 세움을 받는다(7절, built up).

그러면 그는 기초 위에(고전 3:5-10, 엡 2:20) 있는 것이다. 그는 산 돌들로 된 집으로 지어질 산 돌(living stone)이며(벧전 2:2-6), 그의 생애는 굳건한 반석 위에 뿌리 내리고 자리잡았기에(마 7:24) 철학과 과학과 전통을 숭배하는(8절 주석 참조) 사람들의 매력적인 속임수에도 요동하지 않을 수 있다(엡 4:14 주석 참조). 『...**그 안에서 감사함을 넘치게 하라**』는 에베소서 1:16, 빌립보서 4:6과 분명하고도 완벽하게 어울린다.

2:8 **아무도 너희를 철학과 헛된 속임수로 노략질하지 못하도록 주의하라. 그것들은 사람의 전통과 세상의 유치한 원리를 따른 것이며** 그리스도를 **따른 것이 아니니라.**

9 **그분 안에는** 신격의 **모든 충만함이 몸의 형태로 거하시나니**

10 **너희도 모든 정사와 권세의 머리이신 그의 안에서 온전하게 되느니라.**

11 **또한 너희가 그의 안에서 손으로 하지 아니한 할례를 받았으니 곧** 그리스도의 **할례로 육신의 죄들의 몸을 벗어 버린 것이라.**

12 **너희가 침례로 그와 함께 장사되었고 또** 하나님**께서 그를 죽은 자들로부터 살리신 역사를 믿음으로 말미암아 너희도 그와 함께 살아났느니라.**

13 **너희 죄들과 너희 육체의 무할례 가운데서 죽었던 너희를 하나님께서 그와 함께 살리셔서 너희의 모든 허물을 용서하셨으니**

14 **우리를 거스르고 우리를 대적한 손으로 쓴 법령을 지워 버리고 또 그것을 그의 십자가에 못박아 없애셨으며**

15 **정사들과 권세들을 벗겨 내어 그것들을 공개적으로 나타내시**

고 십자가로 그들을 이기셨느니라.

이번 단락은 성경 전체에서 <킹제임스성경>의 비평가들을 다루는 가장 치열한 격전장이다. 이전에도 소규모 접전을 벌인 곳이 여러 군데 있었지만(출애굽기, 잠언 주석서를 보라), 이처럼 심한 접전을 결코 보지 못했다.

알다시피 우리는 성령께서 그의 칼(엡 6:17)을 뽑으셔서 보수주의자, 신정통주의자, 자유주의자, 공산주의자, 카톨릭 신자, 무신론자들을 베어버리시는 것을 여러 번 본 적이 있다. 그럴 때마다 어떤 사람은 번쩍이는 칼을 가지고 놀고, 어떤 사람은 반대하는 자들에 대항해 미숙하게 자르거나 난도질하며 방어하였다. 그러나 어떤 비평가들은 "더 좋은 번역본은...," "가장 오래된 필사본은 말하기를...," "뜻을 분명히 하는 목적으로...," "고어를 현대어로 고치면...," "이 본문이 더 정확한데...," "<킹제임스성경>은 올바른 시제를 브존하는데 실패하여..."와 같은 변명을 통해 자신의 생명을 간신히 연장하였다. 그러나 몇 번의 소규모 접전이 있은 후, 우리 뒤에는 결코 다시는 무기를 휘두를 수 없는 군대들이 많이 있다는 대학살의 느낌이 남았다. 우리가 이 군대들 중 얼마를 다시 봤을 때, 그들은 머리부터 발끝까지 붕대로 동이고 목발에 기대어 잘려진 팔의 남은 부분으로 그들의 무기를 들고 있으려고 애쓰고 있다.

말하자면 어떤 사람은 항상 몇 장 뒤에서 한 가지 계략이나 다른 계략으로 피하거나 성령께 도전한다. 그러나 여기서(골 2:8) 성령께서는 마지막으로 단 한 번 전투 준비를 하신다. 그리고 이 전쟁 후에는 어떤 현명한 사람도 – 그가 구원을 받았든 받지 않았든 – 다시는 <킹제임스성경>의 비평가들의 논쟁을 진지하게 받아들이지 않을 것이다.

『**아무도 너희를 철학과 헛된 속임수로 노략질하지 못하도록 주의하라...**』(8절). 경고가 라오디케아의 그리스도인에게 주어졌다(서문을 참고하라). "주의하라"는 말은 우리에게 개들과(빌 3:2), 누룩(눅 12:1), 거짓 선지자(마 7:15), 서기관(막 12:38), 탐심(눅 12:15), 불신앙(행 13:40)을 경고할 때도 사용하는 동일한 말이었다.

교회 시대의 성도들의 귀에 경고가 큰 소리로 울리는 와중에도 이방인들과 보수주의자들, 근본주의자들, 카톨릭 신자, 전천년주의자, 무신론자, 불가지론자, 국제사회주의자, 자유주의자, 남침례교도, "성경대로 믿는" 장로교인을 향해 쓰인 사도의 서신에서 그들은 서로 연합하여 무기들을 꺼내어 성령을 공격하는 것이다.

본문은 명백히 철학을 반대하여 경고한 것이다. 이 경고를 쓰신 성령께서 더 쉽게 쓰실래야 쓰실 수 없을 만큼 평이하고 명백하다.

『**아무도 너희를 철학과... 노략질하지 못하도록 주의하라**』(8절). 네슬의 헬라어 본문과 알란드의 헬라어 본문은 모두 "철학"(philosophy)이라는 단어 앞에 정관사(the)를 첨가시킴으로 그것이 한정된 가르침임을 암시하는 것처럼 만들었다.

또한 이 세상에서 "그의 철학"(his philiosophy)이라고 된 헬라어 필사본은 하나도 없다. 본문에서 "그의"(his)란 단어는 알렙, 바티칸사본, A, C, E, F, G, H, K, L, M, N, O, P 등 어떤 대문자, 소문자 필사본에도 없으며, 라틴 역본, 시리아 역본, 고딕 역본, 사하딕 역본, 보하릭 역본, 페쉬타, 파피루스 1,2,3,4,5,6,7 등의 어떤 계열의 필사본에서도 발견되지 않는다.

더멜로우가 힘 없이 "바울은 철학을 정죄한 것이 아니다."(주석 p.983)고 외칠 때, 성령께서 그를 베어버리신다. 어떠한 변명도 있을 수 없는데 이는 본문에서 명백하게 "아무도 너희를 철학과 헛된 속임수로 노략질하지 못하도록 주의하라."고 말하기 때문이다. 어떻게도 막아낼 수 없다. 이번에는 RV(1884)나 "원본"에 호소할 수도 없으며, 더멜로우는 어깨에서 허리까지 이르는 상처로 인해 쓰러지고 만다.

성령께서는 "다른 철학자들과 철학은 쓸모없다"라고 말함으로 어떤 철학은 유용하다는 것을 지키려는 시도를 하는 윌리엄스와의 시합 자세를 취하셨고, 이 말이 윌리엄스의 마지막 말이 되었다. 윌리엄스는 누군가를 보호하기 위해 "철학자"란 말을 "선생"(주석 p.937)으로 바꾸었으나, 이 단어 역시 8절에서 어떤 필사본에도 나오지 않는 것이다.

엘리스(<강단주석>)는 필로와 마찬가지로 모세도 철학자이기 때문에(Vol. 20, p.86) 본문을 "그의 철학"이라고 읽어야 한다는 주장을 편다. 그러나 단 하나의 헬라어 필사본도 본문에 "그의"라는 단어가 있다는 것을 암시하지 않기에, 엘리스도 성령의 칼에 의해 비참하게 쓰러질 수밖에 없다.

계속해서 성령님께 도전하는 자들이 있다. 필립스가 앞에 있고, 그 뒤에 도드(C.H. Dodd)가 있고, 그 측면에 제미에슨, 포셋, 브라운이 있다. 양날 가진 날선 성령의 칼이 죽음의 원을 그리며 휙 하고 공기를 가르면, 5명의 "흠잡을 데 없는 학자들"이 우리 앞에 완전히 뻗어서 이의를 제기한다. 필립스는 "주지주의"(intellectualism)라고 외치지만 그가 볼 수 있는 모든 필사본들에는 "철학"(*philosophias*)으로 되어 있다. 도드(NEB)도 "기만적인 사색"(delusive speculations)이라고 외치지만, 그 어떤 헬라어도 분명히 "철학"이라고 되어 있다. 제미에슨,

포셋, 브라운도 성령의 칼이 번쩍이는 것이 무서워 자신들을 방어하려고 "그의" 철학이라고 하지만 아무 소용없는 짓이다 그들도 엘리스와 마찬가지로 성령의 칼에 의해 처참하게 쓰러질 뿐이다.

그러나 학자들은 "이제 싸움이 시작되었을 뿐이다." "절대로 포기하지 말라"고 외치고 있다. 하나님의 절대 권위에 도전하는 자들은 랜돌, 피크, <리빙 레터즈, *Living Letters*>, 닐, 커스터, <현대인을 위한 기쁜 소식>, 프랜시스 시에워트(Frances Siewert, <확대역본 신약>) 등인데, 그들은 장난감 총과 칼을 가지고 날선 성령의 칼에 도전하는 어리석은 자들이다. 다시 무시무시한 공격이 그들에게 가해진다. "...철학...주의하라..."

피크는 본문이 헬라 철학을 언급할 리 없으므로, 무조건 "그의" 철학으로 되어야 한다고 억지 주장을 편다(op. cit., p.522). 그는 천조각을 가지고 방어하려고 애쓰지만 고대의 성령의 칼은 그의 뼈 속까지 찌를 것이다(욥 40:19).

<리빙 레터즈>는 그들의 용감한 동료들이 피흘리며 쓰러지는 것을 보고 서둘러 "그들의 철학들"(their philosophies)이라고 외친다. 그러나 성령의 칼이 한 번 지나가면 그들의 방패는 종이조각처럼 찢어져 바람이 불 때 바다에 흩날리고 만다. <현대인을 위한 기쁜 소식>은 숙련된 감각으로 명성을 지키기 위해 막강한 "인간의 지혜"의 칼로 공격해 온다. 그러나 "인간의 지혜"라는 말은 어떤 본문에도 없는 것으로, <현대인을 위한 기쁜 소식>의 공격은 오른쪽으로 빗나가 버리고 가슴에 성령의 최후의 일격을 받아 쓰러져 버렸다.

<확대역본>은 앞으로 걸어나와 여러 가지 가능성을 포함한 15개의 가방들을 사방으로 휘두르다가, "소위 철학"(so-called philosophy, 딤전 6:20의 변개와 맞추기 위해)이라고 쓰인 가방을 내려놓는다. 그

러나 이것 역시 아무런 소용이 없는데, 이는 "소위"(so-called)라는 단어는 헬라어, 영어, 고트어, 노르웨이어, 이디시어, 스위스어, 중국어, 몽고어, 시리아어, 라틴어 중 어느 필사본에도 나오지 않는 단어들이기 때문이다. 그러므로 <확대역본>도 그의 동료들과 마찬가지로 날선 칼이 한 번 지나가자 두 동강이 나고 만다.

해적들 중의 해적(마 24:43, 살전 5:2)이신 예수 그리스도께서는 여전히 앞쪽 갑판 가운데 서서 눈을 불꽃같이 빛내시며(계 1:14), 아무도 깨뜨릴 수 없는 피에 적신 무기를 손에 움켜쥐고 계신다(요 10:35). 이번에는 어떤 헬라어 학자도 그의 이론들을 더 이상 정당화시킬 방법이 없다. 그들은 성경을 깔아뭉개고 자신의 항구와 자신의 보물을 찾기 위해 항해하는 파괴적인 성경 거부자의 모습을 그대로 드러내고 말 것이다.

그 때 빈센트가 나타나 "그의 철학"을 다시 들먹거린다. 그러나 빈센트 박사가 제시할 만한 필사본 증거가 있는가? 하나도 없다. 그는 처음부터 다시 헬라어 단어 공부를 할 필요가 있다.

리들이 나와 또 "그의 철학"이라고 할 때, 쉭 하고 바람을 가르는 소리와 비명이 들린다(위생병, 위생병!).

드웨트가 나와 "모두가 알다시피 그 철학"(the philosophy)이라고 주장하자, 역시 휙 하는 소리가 들린다(간호병, 간호병!)

갑판은 피로 흘러넘치고, 우리는 엉킨 핏덩어리 위에 미끄러질 위험이 있다. 그러나 아직 죽음의 전쟁은 끝나지 않았으며, 여러분은 <킹제임스성경>에 대해 염려할 필요가 전혀 없다. 이제 이 시대의 가장 크고 가장 잘 훈련된 능숙한 검객인 ASV(1901)가 나타난다. 칼날에는 칼날, 공격에는 공격, 찌르기에는 찌르기이다 처음에는 ASV 위원회와 로크만 재단이 골로새서 1:14, 빌립보서 1:13, 갈라디아서

6:11에서 간신히 살아남은 것처럼 이 대살륙에서도 간신히 살아남을 것처럼 보인다. 그러나 이번에는 성경에 대한 "경건한 존경"이 부족하다는 사실과 그들의 신실치 못함을 숨길 방법이 없다.

ASV 위원회의 열광적인 광신자가 "그의 철학"이라고 외치지만, 모든 헬라어 필사본과 라틴 필사본이 그들을 공격할 것이다. 이 위원회는 즉시 피흘려 죽었기 때문에, 바다에 빠뜨리기 위해 널빤지 위로 걷게 할 필요가 없다.

해치가 열리면서 RV(1884) 위원회와 함께 사사로운 해석의 전문가들인 필립 샤프, 라잇풋 감독, 엘리콧 학장, 알포드 학장, 홀트 박사와 전설적인 "행운의 병사"인 웨스트코트 박사가 나타난다. 그들은 지옥의 자식들과 함께 성령을 둘러싸고 종이 칼과 치약과 고무방망이를 가지고 공격한다. 그들은 "그의 철학"이라고 힘 있게 외쳐봤지만 이내 피를 흘리며 쓰러지고 말았다. 본문에서 "그의"란 단어는 어디에도 없으며, 단지 성경을 경멸하는 자들의 상상 속에나 있는 것이다.

이제 갑판에서는 모든 반대자들이 제거되었고, 피와 뼈와 잘려진 사지만 뒹굴고 있다.

<조합성경>의 선장과 RSV의 선장이 이 엄청난 공격에 견뎌낼 수 있었던 것은 그들이 이번에는 모두 올바른 본문을 간직하고 있었기 때문이다. 우리가 알다시피(눅 2:33, 요 3:16, 히 10:12), RSV와 <조합성경>은 모두 항구에서 떠나기 전에 이미 해군에서 직위 해제되었다. 그들은 그들의 무기를 감추기 위해 승선하지도 않았다.

무엇이 잘못되었는가? "더 좋은 번역"과 "더 정확한 번역," "원본에 가까운"이라는 이 열풍이 지난 뒤에, 골로새서 2:8에서 왜 이런 엄청난 일이 일어났는가?

간단하다. 그 모든 일당들은 "철학자"들이다. 그들의 "신"이 두들

겨맞을 때 그들 자신을 방어해야 했기 때문이다.

<킹제임스성경>의 번역자들은 우상 숭배자가 아니며, 철학을 존중하지도 않고, 그것에 영향을 받지도 않았다. <킹제임스성경>의 번역자들은 철학과 과학(딤전 6:20) 이 두 가지가 지옥에서 온 줄 알았기에, 그들은 그것을 다른 학자들처럼 다루지 않는다. 현혹하는 말들과 함께 모든 시도들이 현대의 죽은 정통주의, 보수주의자들에 의하여 "어떤 지식은 진정한 지식"이며, "어떤 지식은 소위 틀린 지식"이기 때문에, "어떤 철학은 진정한 것"이고 어떤 것은 "소위 철학"으로 불린다고 하는 것은 다름이 아니라 철학 자체가 성경을 거부하는 철학자의 마음에 영향을 주었기 때문이다.

"Sophia"는 지혜이고, "Gnoticism"은 지식이다. 이 중 어느 하나도 그 자체로는 선하지 않다. 이브는 지식을 얻고 솔로몬은 지혜를 얻었으나, 3절의 "지혜와 지식"은 그리스도 안에 있다. 그것은 과학이나 철학 안에 있는 것이 아니기에, 이 두 가지 경고가 순서대로(골 2:8, 딤전 6:20) 최초의 원본에 영감을 불어넣으신 성령님의 절대무오한 보호하심 아래 킹제임스 번역자들에 의해 주어진 것이다. ASV, NASV, <예루살렘 성경>, <새예루살렘 성경>, RV, RSV, NRSV, NEB와 로마카톨릭의 <림즈듀웨이성경, 1582>이 이 구절들 중 한 두 개를 함부로 바꾸었다는 사실은 성경대로 믿는 사람들이 다루는 모든 논쟁 이상의 것을 보여 준다. 성경대로 믿는 사람은 그의 성경을 파괴시켜 "교육"이 판단하고 동의할 수 있는 수준으로 만들어버린 비뚤어진 "그리스도인"을 다루고 있다.

"기독교육"은 미국에서 돈 잘 버는 거대한 사업으로 바뀌었고, 그것은 종교개혁 성경을 뜯어고쳐서 생계유지를 하는 것에 기초한다. 첫 번째 현대의 "기독교 교육가"는 예수회(데이비드 오티스 풀러 지음, *Which Bible*, 1970, 4장을 참고하라)였으며, 그들의 계승자들은 그들의 고등전술을 그대로 이어받았다. 대부분의 미국인들이 교육을 숭앙하기 때문에, 그들의 자녀들에게 파괴적인 성경비평을 가르치기 위해 수천 불을 지불할 것이다. 이 비평이 "교황"의 의자에서 나왔든, 전천년적인 "보수주의자"에게서 나왔든, 그 근원과 뿌리는 헬라철학이다. 그래서 우리는 본문을 벗어나지 않고 이 주제에 관해 주의 깊게 살필 것이다. "철학"이란 말은 "지혜를 사랑하는 자"란 의미이다. 솔로몬은 대단히 지혜를 사랑한 자였으며, 성경의 "지혜의 책들"(욥기 - 솔로몬의 노래)은 헬라 지성인들의 부패하고 우상을 섬기고 미혹된 이교도적인 마음에 강력한 영향을 주어, 그들의 "지혜의 책들"(위경)을 구약에 더하여 유대인이 지혜를 확신하지 못하게 해버렸다. 이와 동일한 역겨운 마귀적인 이기주의자들은 "아리스테아스의 편지"를 만들어, 그것으로부터 현대의 유명한 신학교들인 달라스, 풀러, 시카고, 휘튼, 사우스이스턴, 무디, 포터 워스, 사우스 웨스턴, 뉴 올리안스, 밥 존스, 클리어워터, 테네시템플, 콜롬비아 성경대학 및 다른 알렉산드리아 계열의 학교의 교수진들이 믿고 있는 LXX(칠십인역)의 신화를 꾸며낸 것이다.

철학은 다음의 네 가지 사상을 퍼뜨리게 하였다. 1. 자연주의 2. 이상주의 3. 사실주의 4. 실용주의.

이제 여러분은 여러분이 인식하든 못하든 이 네가지에 잡동사니를 쑤셔 넣을 수 있다. 예를 들어 여러분은 내가 애타주의, 절대주의, 비평적 사실주의, 개념주의, 금욕주의, 실존주의, 원자론(Atomism), 유신론적 원자론, 직관주의, 논리적 경험주의, 논리적 낙관주의, 물활론(Hylozoism), 인본주의, 일원론(Monism)), 신사실주의, 유명론(Nominalism), 우인론(Occasionalism), 범신론, 현상론, 다원론, 이성주의, 상대론, 과학적 경험주의, 유아론(Solipsism), 객관적 이상주의, 선험적 철학 등을 경시한다고 말할지도 모른다. 그러나 우리가 다른 데서 말했듯이 "바보같이 말하는 것이 뱀으로부터 양을 만들 수는 없다."는 것이다.

이 세상의 모든 철학들은 이 네 가지 주요한 제독으로 압축할 수 있다. 철학자들은 진화를 믿고 자연을 따르는 물질주의자(유물론자)이거나, 어떤 종류의 신성만 믿고 관념을 따르는 이상주의자이거나, 어떤 생각들을 현실에 입각해서 옳다고 인식하는 사실주의자이거나, 무엇이든 유용하고 쓸모가 있으면 좋은 것이라 생각하는 실용주의자이다.

어떤 철학도 문자적이고 눈에 보이는 지상에서 통치하실 예수 그리스도의 재림을 막을 수 없다. 어떤 철학도 그리스도를 거부하는 자들이 지옥에서 의식 있는 채로 영원히 고통당한다는 것을 가르치지 않는다. 어떤 대단한 철학도 다른 사람의 혼을 그리스도께로 이겨오도록 가르치지 못한다. 『**아무도 너희를 철학과... 노략질하지 못하도록 주의하라**.』

철학은 누가 그것을 수용했든, 누가 그것을 시작했던 상관없이 그것을 신봉하는 모든 사람에게 동일한 피해를 주기 때문에, "그의" 라는 말이 들어갈 필요가 없다. 사실 플라토는 로마와 종교개혁자들에 의해 수용된 성경 "해석" 체계인 무천년주의와 후천년주의의 근원이다(알바 멕클레인 지음, <왕국의 위대함>, 1959, pp.142,519,521,522). 어거스틴과 칼빈은 둘 다 신플라토주의자며, 플라토의 "공화국"은 현재 국제사회주의를 선포하는 유네스코에 의해 사용되는 표준 형태이기도 하다. 철학에 대해 성경이 언급한 유일한 좋은 말은 바로 그것을 "주의하라"는 것이다. 그러나 여전히 죽은 정통주의 배교자들은 그들의 "신"을 지키려고 애를 쓴다. 그들은 성경을 믿는 사람이 아니라 철학을 믿는 사람들이다.

20세기의 현대 철학자들 중 단 한 명도 하나님의 말씀을 진리인 (살전 2:13) 하나님의 말씀 그대로 믿지 않는다. 아인슈타인, 브리지맨, 보아스, 폴 웨이스, 시드니 훅, 페리 밀러, 메이어, 듀카시, 리차드 폰 미세, 폴 틸리히, 가브리엘 마르셀, 넬슨 굿맨, 플루, 발츠, 봄가르트, 맥케온, 찰스 무어, 윌프리드 셀러, 네겔, 레빈슨, 쉘돈, 토울민, 토인비, 필립 와이너 등은 아프리카 정글 뒤쪽의 원시인들만큼도 성경을 믿지 않는다. 다니엘 로빈슨, 해리 울프슨, 허버트 슈나이더, 찰스 모리스, 아더 루스, 스테판 페퍼, 폴 쉴프, J.M. 렌돌, 모티머 아들러, 월터 코프만이나 아더 팝도 그들보다 조금도 나은 것이 없다. 이들 중 일부는 종교단체와 연관되어 있고, 배교한 종파들과 연합한 그들의 명목상의 고백은 그들이 "철학"에 조금도 영향받지 않았다는 것이다. 그러나 그들은 한 명도 빠짐없이 마태복음 23장, 창세기 1-10장, 출애굽기 12-14장, 민수기 21-25장, 여호수아 2-8장, 요한복음 2-4,8,9,11,19,20장, 이사야 40-66장, 다니엘 1-9장, 마가복음 13-16장, 로마서 1-6장, 8-11장, 요한계시록 1-21장, 골로새서 1-3장, 에베소서 1-3장, 마태복음 1,2장, 누가복음 1,2장, 욥기, 시편, 에스겔, 예레미야, 스카랴, 말라키, 스파냐, 요엘의 모든 예언적인 요소들을 거부하는 자들이다. 이들은 당신이 만나본 가장 심한 악당들이다.

이 그룹을 선동한 불쌍하고 미혹당하고 우상 숭배하는 이교도들은 호위슨, 호프딩, 유켄, 플랑크, 허설, 로이스, 포인케어, 크로스, 쉴러, 테일러, 러셀, 무어, 포에스터, 제멜로, 산타야나, 캐시어, 버그슨, 칼킨스, 아들러, 보운, 드뤼쉬, 브라우어, 뮌스터버그, 레닌, 페리, 나토프, 듀웨이, 헤벌린, 부딘, 베히너, 호킹 등등이다.

이들 대부분은 그들의 진리를 찾는 원동력으로 적의를 품고 <킹제

임스성경, 1611>을 무시하거나 증오한다. 하나도 과장되지 않게 말해서 컬프, 우네모노, 왓슨, 스프랜저, 매킨토쉬, 프로이드, 앵기얼, 쉘러, 젠타일, 준, 오토, 스턴, 슐릭, 야스퍼스, 알렉산더, 웨버, 모간, 콘, 위텐스테인, 베르디브, 모어, 몬태그, 브로드, 코프카, 우드브리지, 하트만, 하이데거, 와이트헤드, 루스, 콜러, 후징거, 브라잇만, 뮈르해드, 코핸, 고델, 스타스, 타르스키, 콰인, 메드, 카르납의 작품을 뒤에서 움직이는 힘은 절대적인 권위의 종교개혁 성경을 철학의 부패하고 썩은 것들로 대체하려는 탐욕스러운 욕망이다. 종교개혁 성경은 아이어, 길슨, 바스콘셀로스, 프렛, 마리테인, 로메로, 바르트, 브루너, 블랭샤드, 프랭크, 사르트르, 칼렌, 머피, 레플레이, 느스롭, 멈포드, 블로, 와일드, 라일, 페이글, 블랙, 윌리암 제임스와 같은 사람에게도 모두 유용하다. 이런 사람들을 원자폭탄의 위력으로 지옥으로 던져버리는 말씀의 능력을 알기를 거부하는 것은 하나님의 말씀을 평가절하하는 것이다. 위에 언급한 어리석은 궤변론자들은 여러분에게 성경이 어떤 철학자들이 썼고 과거 사회에 유용한 기능을 했던 책에 불과하다고 믿게 만든다.

『**아무도 너희를 철학과... 노략질하지 못하도록 주의하라**』(8절). 전쟁에서 살아왔던 경험 있는 군인(엡 6:10)은 마태, 마가, 누가, 요한복음과 함께 모세와 선지자의 글들(눅 24장)이 철학자들에 의해 개별적인 철학으로 분류되며, 더 진보된 철학에 의해 대체됨을 알고 있다. 어떤 철학자도 베드로, 마태, 마가, 누가, 다윗, 야고보, 요한, 바울, 모세, 선지자들의 글들을 전능하신 하나님에 의해 초자연적으로 계시된 최종적이고 절대무오한 진리로 받아들이지 않는다(눅 24:45).

여러분은 이제 왜 경고가 그렇게 명확한지를 알 것이며, 제미에슨,

포셋, 브라운, 더멜로우, 클라크, 커스터, 레인지, 닐, 엘리콧, 필립 샤프, 웨니거, 케네스 웨스트가 왜 그들의 모든 것을 걸고 <킹제임스성경>의 권위를 없애려 하는지 알 것이다.

어떤 절대주의자도(플라토, 마호메트, 아퀴나스, 스피노자, 피취트, 쉘링, 헤겔, 보산퀫, 브래들리, 뉴만, 호킹, 칼 바르트) 성경을 "최종적이고 적절한 기준"으로 받아들이지 않았다.

어떤 불가지론자도(프로타고라스, 조지아스, 칸트, 만셀, 스펜서, 헉슬리, 루이스, 스테판) 『**내가 믿은 분을 알고**』(딤후 1:12), 『**우리가 사망으로부터 생명으로 옮겨간 것을 아노니**』(요일 3:14), 『**그가 나타나시면 우리가 그와 같이 되리라는 것을 아노니**』(요일 3:2)라고 고백한 적이 없다.

어떤 애타주의자도(세네카, 컴버런드, 버틀러, 꽁트, J.S. 밀, 시지위크, 호프딩, 로이스) 『**우리의 모든 의는 더러운 걸레 같으며**』(사 64:6), 『**가장 좋은 상태에 있는 모든 사람도 다 헛될 뿐이니이다**』(시 39:5)라고 인정한 적이 없다.

어떤 원자론자도(로시푸스, 데모크리투스, 에피쿠로스, 루크레티우스, 가센디, 보일) 주 예수 그리스도께서 『**그의 능력의 말씀으로 만물을 붙들고 계시며**』(히 1:3)라는 사실을 감히 믿지 못한다.

어떤 관념론자도 (아비세나, 아벨라드, 아퀴나스, 둔스 스코투스) 그의 생애 가운데 단 하루도 『**그러하옵니다**. 주 예수**여**, **오시옵소서**』(계 22:20)라고 기도한 적이 없다.

어떤 비평적 이상주의자도 (칸트, 마이몬, 코헨, 나토프, 카시어) 문자적인 지옥(눅 16장)이나 문자적인 하늘이나, 천사, 마귀, 정사, 권세, 그룹(겔 1장), 스랍(사 6장)의 존재를 받아들이지 못했다.

어떤 결정론자도 (데모크리투스, 고트샬크, 시게르, 부르노) 예수님께서 『**내가 얼마나 자주 네 자녀들을 모으려고 하였더냐? 그러나 너희가 원치 아니하였도다!**』(마 23:37)라고 말씀하신 것을 믿지 않았다.

어떤 진화론자도 – 에피쿠로스, 제노, 쉘링, 콤트, 스펜서, 헉슬리, 피스크, 니체, 캐어드, 버거슨, 또는 여러분의 고등학교 선생 – 『**하나님께서 창조하신 창조의 시작으로부터**』(막 13:19)이나 『**처음에 사람을 지으신 분이 남자와 여자를 지으시고**』(마 19:4)라는 것을 믿지 않았다.

여러분이 스트라토나 데일즈, 루크레티우스, 아낙시메네, 파메니데스, 플로티누스, 프로클러스, 암모니우스, 사카스, 프로디쿠스, 아낙사고라스, 제노, 에픽테투스, 헤라클리투스, 류시퍼스, 크라틸루스의 글들을 뒤적여서 살아 계신 하나님의 살아 계신 말씀의 권위와 능력 안에서 했던 믿음의 고백을 찾는 것은 헛된 수고일 뿐이다. 마찬가지로 플라토, 아리스토텔레스, 스피노자, 레인지, 호위슨, 쇼펜하우워, 파인, 허버트, 제임스, 보운, 마키아벨리, 데카르트, 톨란드, 라이프니쯔, 피에체, 쉴릭, 위켄스타인, 익나톤, 홉스, 버클리, 제노파네스, 뉴만의 글들을 찾아보는 것도 시간 낭비일 따름이다. 그리고 안셀름, 아벨라드, 버나드, 아퀴나스, 어거스틴, 파스칼, 윌리암의 열성이 없는 로마카톨릭적 고백은 요나를 삼킨 고래가 아파서 요나를 조급하게 내뱉었다고 만들었다.

철학자들 가운데는 성경을 잘 아는 사람들이 없다. 당신이 모른다 할지라도 성령께서는 이 사실을 알고 성경을 기록하셨다. 여러분이 눈이 충혈될 정도로 책을 읽어도 현대 철학으로부터는 한 가지 메시지만 얻을 것이다. "당신의 <킹제임스성경>을 너무 신뢰하지 마시오. 우리의 대단한 사람들이 그 안에서 오류들을 발견했으니 우리의 생각을 귀 기울여 들으면 우리가 여러분을 바로잡아 드릴 것입니다."

이들 1880년이래로 성경 개정가들과 주석가들의 사고체계가 너무나 같지 않은가? 이제 누가 웨스트코트와 홀트, 드라이버와 델리치, 샤프와 웨이글, 로버트슨과 데이비스, 모울튼과 밀리간, 사우터와 고센, 트렌치와 빈센트, 티엠과 웨스트, 래취만과 티쉔돌프, 닐과 커스터, 네슬과 알란드, 디에스만과 타이어, 바르트와 브루너, 메이첸과 와필드와 함께 동행할 수 있는가?

하나님이신 성령님께서? 구령하는 성도들이? 성경대로 믿는 그리스도인들이? 만일 그럴 수 있다면 왜 그들 모두가 골로새서 2:8의 헬라어 본문이나 영어 본문을 바꾸려고 노력하는가? 오 성령의 칼이여! 얼마나 "마음의 생각들과 의도들"(히 4:12)을 정확하게 판별하는가!

알다시피 그것은 승천하기 전에 우리의 대열을 혼란케하는 "영감받은 원본"이 아니다. 그것은 바로 하나님께서 섭리적으로 보존하셔서 성경대로 믿는 그리스도인의 손에 지금 들려주신 <킹제임스성경>이며, <한글킹제임스성경>이다. 그래서 우리는 항상 이런 경고를 듣는 것이다. 『**아무도 너희를 철학과... 노략질하지 못하도록 주의하라**』

학자들을 범죄케하고 절망으로 몰아넣는 것은 아무도 발견하지 못한 "원본"이 아니라 <A.V. 1611>이다. [모든 보수주의자들은 하나님께서 영예를 주신 종교개혁 성경의 권위를 파괴하기 위해 "영감받은 원본"을 믿는다고 고백한다.]

철학의 첫 번째 기본적인 질문은 철학의 광대들 중 광대인 윌리엄 제임스(18842-1910)가 질문한 "내가 무엇을 알 수 있는가?"이다. 이 질문에 대한 대답은 하나님 자신에 의해 3개 대륙에서 1,600년 동안 42명의 저자들을 통해 기록되었다. 위대한 동성연애자인 소크라테스(469-399)가 "귀납적" 추론으로 10계명의 윤리적 진리를 파괴하기 휠

씬 이전에, 욥은 존 듀웨이(1859–1952)가 원자 시대가 시작된 지 5년 후인 1950년의 콜롬비아대학의 도서관에서 발견하지 못했던 진리를 발견했다(욥 38장). 이사야는 콜럼버스가 지구의 모양을 확인하기 이전에 이미 지구가 원형이라는 사실을 알았고(사 40:22), 다윗은 버트란드 러셀이 하나님께서 그에게 300년의 수명을 연장하셨더라도 결코 찾을 수 없었던 죽음 이후의 생활에 대한 것들을 알고 있었다(삼하 1:23). 또한 여러분은 다음을 확실히 알 수 있다(요 7:17)

1. 인류는 허물과 죄들로 죽었으며 지옥으로 향하고 있다.

2. 사람은 믿음을 통해 은혜로 구원받을 수 있다.

3. 구원은 문자적인 불못에서 불타는 것으로부터 구해냄을 받는 것이다.

4. 구원은 영원하고 거룩한 도성으로 가는 것이다.

5. 하나님께서는 이 지상에 사람으로 나타나셨다.

6. 콜럼버스 이전에 외계로의 여행이 이미 9번이나 있었다.

7. 당신이 그리스도를 믿으면(신뢰하면), 당신은 그리스도 안에 있고 그리스도는 당신 안에 있다.

8. 성경은 하나님에 의해 영감받고 보존된 절대적인 진리이다.

9. 죽음 이후에 거듭난 당신은 미래에 예수 그리스도와 같은 몸을 가질 것이다.

10. 적그리스도의 이름, 표시(mark), 표적(sigs), 종교, 숫자와 글자를 알 수 있다.

11. 이후의 1,030년간의 세계 역사의 정확한 흐름을 알 수 있다.

12. 하나님께서는 기도에 응답하신다.

13. 하나님을 사랑하는 자들에게는 모든 일이 합력하여 선을 이룬다.

14. 하나님께서는 주는 자에게 주신다.

15. 구원은 당신 스스로는 얻을 수 없는 값없는 선물이다.

16. 당신의 죄들이 당신을 찾아낼 것이다(민 32:23).

17. 당신은 당신이 뿌린 것을 거둘 것이다(갈 6:7,8).

18. 하나님을 섬기는 것과 그분과 교제를 나누는 데에는 기쁨이 있다.

19. 하나님께서는 그리스도 예수에 의해 영광 안에서 그분의 풍요하심을 따라 당신의 모든 필요들을 공급하실 것이다.

20. 종교적이고 영적인 문제들에 관해 거짓말을 들을 때도 있고, 진리를 들을 때도 있다(요 7:17, 겔 14:1-12).

더 나아가 그리스도 이전의 어떤 "헬라 교부들"도 죄의 삯이 죽음임을 알지 못했고, 철학자들은 온통 어리석음으로 가득 찼다는 것을 몰랐으며, 일하지 않고 하루 종일 떠들어대는 자들(하나님께서 예언을 하라고 부르시지 않은 이상)이 게으름뱅이라는 사실도 몰랐고, 인간의 본성이 부패하였다는 것도 알지 못했다. 그들은 미래에 구속주가 오실 것이라는 것도 몰랐고, 그분이 유다 족속의 약 33세 된 유대인이 되실 것이라는 것도 몰랐으며, 베들레헴에서 나실 것도 몰랐고, 처녀의 몸에서 태어나셔서 죄인들을 위해 대속적인 죽음을 당하신다는 것도 알지 못했다. 알다시피 이사야 53장과 시편 22편은 아리스토텔레스가 전능하신 하나님을 단순히 중성의 "사고"로 바꾸려고 시도하기 200년 전에 기록되었다.

자신이 죽어서 어디로 가는지 알지 못하는 사람은

1. 진리를 고의적으로 무시하는 것이고

2. 하나님과의 교제 밖에서 그분의 말씀을 의심하거나

3. 그 자신의 철학적 기준들과 일치하지 않을 때는 이 땅에 계시된

진리를 강력하게 거부한다.

역사상 그 어떤 뛰어난 철학자도 자신이 죽어서 어디로 가는지 확실히 알지 못했다. 칼빈과 어거스틴이 그 경계선에 있는 경우들이지만 그들을 뛰어난 철학자로 부를 수는 없다. 당신이 만일 존 칼빈이나 아우렐리우스를 앉혀서 그들의 “논리” 위에 뭔가 좋은 것들을 올려 놓는다면, 즉시 그것들이 무참하게 박살나 있음을 발견할 것이다. 그들 모두는 물뿌림으로 예정된 “택함받은 자”가 택함받는다고 가르쳤다(<기독교회의 역사>, 워커 지음, pp.165,166). 이것이 매우 좋은 철학은 아닐지라도, 좋은 칼빈주의이다! 모든 철학자들은 그들의 논리를 자랑스러워한다.

『**아무도 너희를 철학과... 노략질하지 못하도록 주의하라**』(8절) 철학은 다윈을 파멸시켰으며, 스탈린, 엥겔스, 마르크스를 파멸시켰다. 철학은 헉슬리와 프로이드도 멸망시켰는데, 하나님의 진리를 반대하는 모든 원수들의 배후에는 뛰어난 철학자들이나 철학이 있는 것이다. 이 정신적이고 영적인 비정상의 왜곡된 행렬은 바르트에서 브루너까지, 틸리히에서 니버까지, 키에르케고르에서 슐라이에마허까지, 니체에서 쇼펜하우워까지, 헉슬리에서 다윈까지, 다윈에서 팔레이까지, 팔레이에서 아스트럭(Astruc)까지, 아스트럭에서 셀서스(Celsus)까지, 셀서스에서 포피리(Porphyry)까지, 포피리에서 필로까지, 필로에서 플라토까지, 플라토에서 소크라테스까지, 소크라테스에서 테일즈까지, 테일즈에서 아담까지 이어져 있다. 철학자는 무에 대해 모든 것을 알 때까지 더 많은 것들에 대해 공부하지 않는 자들이다.

당신이 성경에 기록되어 있는 대로 읽지 않으면 당신은 2천만 명이 넘는 배교자들에 의해 만들어진 성경을 가지는 것이고, 2,500년 동안 성경을 거부한 자들과 함께하는 것이다. 경건하지 않고 부패한 과학자, 철학자, 교육자와 제사장들(B.C. 200-100)은 A.D. 100-1990년에 있는 자들과 심리적인 면이 다르지 않다. 그들은 한 번도 성경대로 믿는 사람들이 아니었다. 그들은 항상 하나님께서 택하셔서 성경을 기록하게 하신 사람들을 시기해 왔다. 그들은 어떤 특정한 구절들로 인해 (지금 우리가 다루고 있는 구절처럼) 떨고, 시달리며, 거의 자살할 정도로 괴로워한다. 여러분은 기원전 2000-100년 전부터 유래된 세상의 모든 종교들이 성경을 모방하고, 성경을 위조하며, 성경에서 인용하고, 그들의 "성서"에 맞추어 성경을 모조했다는 것을 발견할 것이다. [현대의 고고학자들이 이러한 종교들의 저작들의 연대를 뒤로 늦추고, 구약의 기록연대를 앞당기는 것은 단순히 이 때문이다.]

욥기가 기록되기까지는 철학이나 죽음 이후의 생명에 대한 지혜로운 저서가 하나도 없었다. [니퍼(Nippur, B.C. 2220), 에픽(Gilgamesh Epic, B.C. 2000), 아이퓨워(Ipuwer, B.C. 2000), 패전트(Eloquent Peasant, B.C. 1800), 바바(Baba, B.C. 1000), 아메네모프(Amenemope, B.C. 1400), 이크나톤(Ikhnaton, B.C. 1375)을 보라.] "스네페루 사제"(The Priest of Sneferu, B.C. 2000)나 "타호텝"(Ptahhotep, B.C. 2600), 바빌론 서판(B.C. 240), 소위 "죽은 자의 책"(Book of the Dead, B.C. 3500)은 결코 미래에 대해서 빛을 주지 못하며, 인생의 가장 중요한 문제인 "왜 의인이 고난을 겪는가?"에 대해 논의하지도 않는다. 죄와 슬픔의 근원에 대한 질문도 논의되지 않고, 이것들의 해답도 제시되지 않는다. 그러나 이 모든 것들은 아테네에서 철학자들이 모이기도 전인 욥기(B.C. 1800-1750)에서 모두 발견할 수 있다.

『**아무도 너희를 철학과... 노략질하지 못하도록 주의하라**』(8절). 본문은 말 그대로를 의미하며, 이 구절을 공격하는 밥존스대학의 공격은 우리에게 그리스도인과 성경대로 믿는 그리스도인이 다르다는 사실을 보여 줄 뿐이다. 그러나 우리의 본문은 학자들의 의견과 상관없이, 결코 "헛된 속임수"와 "사람의 전통"과 "세상의 유치한 원리"를 따르지 않는다.

독자들은 본문에서 "철학"이나 "헛된 속임수" 앞에 "그의"라는 단어가 없음을 주목할 것이다. "헛된 속임수"는 모든 종류의 생각들을 나타내는 묘사이다. "헛된 속임수"는 사람들이 여러분을 속여 적절하지 못한 생각, 신념, 원칙, 행동의 동기(삼상 12:21, 렘 7:8, 욥 33:27, 막 8:36 등)를 받아들인다고 설명할 수 있다. 디모데후서 3:13의 "악한 사람들과 사기꾼들"은 다른 사람뿐 아니라 자신을 속인다(잠 11:18; 12:20; 14:8의 주석 참조). "헛된 속임수"는 선지자들(겔 14:1-9)과 포도주에 취한 자(잠 20:1), 성도들(말 1:14), 전파자(요이 1:7), 옛 성품(고전 6:9; 15:33, 갈 6:7)에 의해 실행된다. "속이는 자와 속는 자"가 하나님의 손 안에 있고(욥 12:16), 하나님께서는 거짓말이 만들어지고, 조장되고, 받아들여지고, 믿어지고, 실행되는 것을 허용하시는 분이다(살후 2:3-9, 왕상 22장, 겔 14:1-9). "헛된 속임수"는 소위 귀납적 논리 방법인 현대 교육의 뿌리로서 잘 타나난다.

귀납적 방법은 삶의 절대적 진리를 거부하고, 무엇이 진리이고 무엇이 진리가 아닌지 결정하는 권위의 근원을 자신에게 두고 시작하는 것이다. 그러나 "귀납적 방법"을 쓰는 과학자들과 철학자들은 그것에 너무 충실한 나머지(계 12:9; 20:10, 엡 5:6 등) 요한복음 17:17부터 믿지 않기 때문에 그들에게는 절대적 진리가 분명치 않다.

귀납적 방법은 서로 다른 관찰로부터 주요한 진리나 법칙을 구축하는 것이다. 연역적 방법은 세워진 법칙을 특정한 경우에 적용시키는 것이다. 이 접근의 차이는 사람이 그의 혼을 잃어버리거나 그리스도를 찾는 것을 결정한다. 비록 데카르트(1596-1650)나 다른 사람들이 연역적 방법을 쓰고도 굉장히 중요한 진리에 도달하지 못한 것은 순전히 그들이 현대의 과학자들처럼 눈멀고, 속았으며, 허물과 죄들로 죽었기 때문이다(엡 2:1-15 주석 참조). 예를 들어 이 시대의 모든 주요한 과학자들(그가 무신론자든 아니든)에 의해 사실로 받아들여지는 3가지 열역학 법칙들 중 두 번째 법칙은 폐쇄계에서는 언제나 엔트로피(무질서도)가 증가한다는 것이다. 보통 사람들의 말로 하면, 이것은 모든 것들은 자동적으로 좋아지지 않고 오히려 나빠진다는 의미이다. 그래서 항상 어떤 일에 에너지를 소모할수록(시간이 지날수록) 유용한 에너지는 줄어드는 법이다. 그러므로 세상의 모든 진화론자들은 자연 발생이나 영구운동, 점진적인 혁명적 과정들을 믿거나 가르치기 위해 이 법칙을 부인해야만 한다. 어떻게 과학자가 그것을 부인하는가? 간단하다. 일반적인 법칙(열역학 제2법칙)의 빛 안에서 자세한 발견들과 실험들을 해석하는 대신, 단순히 법칙을 던져 버리고 개별적인 경우들(예를 들어 아미노산과 효소의 실험)을 사용해 버리는 것이다.

즉 귀납적 방법은 우주 자체의 법칙과 순서를 던져버리기 위해 사람이 만든 "과학적" 도구이다. 모든 볼세비키주의자, 혁명가들, 무신론자들, 무정부주의자들은 귀납적 방법으로 맹세한다. 반대로 연역적 방법은 일반적인 진리나 법칙을 특정한 경우에 적용하는 것으로, 어떤 것들은 항상 진리였고, 앞으로도 진리임을 의미한다. 이 진리의 예외들은 오직 일반적 법칙이나 규정의 권위를 증명해 줄 뿐이다. 그러나 귀납적 방법에서는 별개의 예외들을 통해서 법칙을 무효화시킨다.

귀납적 방법은 그리스도를 거부하고, 성경을 거절하며, 자기 의를 내세우는 죄인들의 눈멀고, 죽어 있고, 타락하여 부패된 성품의 구조들 안에서 시작된다. 그래서 그것은 그 현재의 상황 안에서 "진리"를 발견하려고 노력하는 것이다. 즉 그것은 진리를 거부함으로 시작된다.

영적인 문제에서 속임당한 과학적 우상은 자기 자신을(조사하는 사람) 그의 주체이신 하나님 위에다 둔다. 하나님께서는 그러나 자신을 계시하시는 유일한 주체이시다. 하나님께서는 결코 자신을 시험관과 망원경의 면밀한 관찰에 복종시키지 않으신다. 영적인 진리는 다음과 같다. 현미경 아래 있는 것은 하나님이 아니라 조사하는 사람이기에 귀납적 방법에 의해 도출된 결론은 모두 속임수뿐이다.

1. 하나님은 모든 사람의 아버지다 : 그러나 이것은 하나님 자신의 계시를 따른 것이 아니다(요 8:44, 엡 2:1-4).

2. 사람들은 하나님을 다른 이름들로 경배한다 : 이 "하나님"은 하나님 자신의 계시에 따르면 "이 세상의 신"이다(고후 4:4, 요일 5:19).

3. 우리는 모두 그의 자녀들이다 : 이것도 하나님 자신의 계시를 따른 것이 아니다(마 23:33, 벧후 2장).

4. 우리는 서로 다른 사람들의 믿음을 비평하지 말아야 한다 : 그러나 하나님의 계시의 믿음에 따르면 비평해야만 한다(벧후 2장, 요일 2-4장, 요이 1장, 약 1-4장, 롬 2,3장, 마 10-13장; 22-24장, 골 2,3장, 요 3-9장 등).

예를 들어 창세기 3-9장이 역사로서 거부된다면, 인류의 운명에 관한 절대적 진리는 찾을 수 없다. 이 거부는 공산주의(철학적이고 변증법적인 물질주의), 자본주의(철학적인 실용주의), 카톨릭(철학적인 절대주의), 신윤리주의(철학적 쾌락주의), 신사회주의(철학적 유아론, 한 개인 자신의 경험만이 진정으로 확인할 수 있는 유일한 사실이라는 견해)로 인도할 뿐이다.

만일 개별적인 경우들을 판단할 절대적이고 권위 있는 체계가 없다면, 어떤 개별적인 사건도 다른 모든 경우들을 밀어내고 법칙을 세우는 데 사용될 수 있음을 알 수 있다. 이러한 영향으로 연방 대법원 판사들이 "소수의 권리"를 위해 헌법을 집어던지고 있다.

심지어 성경을 거부하는 그리스도인도 자기가 사는 세상 체계와 뉴스미디어와 함께 동행할 때는 귀납적 방법을 자주 이용하기 때문에, 그 사람이 반성경적으로 생각하는지를 알아내는 데는 2분도 걸리지 않는다.

A. 남자들과 똑같은 여자들이 있다. 그러므로 남자들과 여자들은 차이가 없다. 옳은가, 틀린가? (틀리다면 누가 여러분을 설득하여 "여자의 자유," "여성해방"을 말하게 했는가?)

B. 백인처럼 똑똑하고 용감한 유색인종이 있다. 그러므로 그 두 인종 사이에는 아무런 차이도 없다. 옳은가, 틀린가? (틀리다면 왜 당신은 모두가 유색인종이 아닌 교실에서 "양질의 교육"을 외치는가?)

C. 마약은 나쁜 영향만이 아닌 좋은 영향도 끼친다. 그러므로 마약은 해로운 것이 아니다. 옳은가, 틀린가? (만일 틀리다면 왜 여러분은 그것으로부터 좋은 것을 얻을 수 있다고 믿고자 하는가?)

D. 공산주의는 러시아 대륙을 위해 일했고, 인종 간에는 차이가 없으므로 공산주의는 미국에도 유익할 것이다. 옳은가, 틀린가? (만일 옳다면 왜 어떤 공산주의 국가도 자신의 국가에서 혁명들을 허용하지 않는가? 레닌, 트로츠키, 마르크스는 모두 혁명만이 앞으로 나아가는 유일한 길이라고 가르쳤다!!)

E. NASV는 그 안에 믿음의 근본들을 가지고 있기에, 그것은 <킹제임스성경>처럼 신뢰할 수 있다. 옳은가, 틀린가? (만일 옳다면 왜 <현대인을 위한 기쁜 소식>은 신뢰할 수 없는가? 그 안에서는 "근

본사항"들을 발견할 수 없는가?)

F. 어떤 사람들은 <플레이보이>에서 육체적 자극을 받지 않기에, 그것은 포르노 잡지가 아니다. 옳은가, 틀린가? (만일 틀리다면 무엇이 "포르노"인가? 대법원에서는 이미 영화들과 책들이 포르노가 아닌 포르노로서 <플레이보이>보다 더 나쁘다고 판결했다. 일반적인 법칙은 어디에 있는가?)

G. 어떤 사람들에게는 의료보호와 아동복지가 필요하다. 그래서 모든 사람은 그 일을 위해 세금을 내야만 한다. 옳은가, 틀린가? (그것이 필요한 사람중 90%가 유색인종이고, 10%가 백인이면 어떻겠는가! 당신이 틀리다고 말하면 혼란스럽지 않겠는가?).

H. "우리는 유인원처럼 보이는 사람의 두개골 두 개를 찾았다. (아니면 사람처럼 보이는 유인원이라도) 그래서 그것들의 50만 인종이 동시에 살고 있었다." 옳은가, 틀린가?

어떤 대학의 학생들이 충분히 자연스러운 논리로 위의 모든 질문들을 올바로 답변할 수 있다고 생각하는가? 오히려 학생들과 교수들은 그들의 정치적 철학을 기초로 그들의 논리를 거부할 것이다. "과학적 사고"를 하는 이러한 자들의 미래는 분명하다. 그들은 수동적인 혼혈 자동인간들을 만들기 위해 24시간 일하면서, 결국 모든 차이들을 없앤 후 그들을 다스리고 조정할 수 있기를 바란다. 이러한 미친 망상의 실현은 요한계시록 11-14장에 나타난다. 그러나 이 모든 것들은 절대적이고 무오한 성령과 함께 절대적이고 무오한 기록들을 쓰시고 보존하셨으며 능력을 공급하시는 절대적이고 무오한 주권자가 돌아오심으로 끝이 나고 만다.

"전국교육협회"(NEA)는 페이비언(Fabian) 협회를 좇아 모든 인종과 종교의 차이를 귀납적 방법으로 제거하고자 무척 노력한다. 그것은 플라토와 아리스토텔레스에서 기원하여 웨이숍트(Weishaupt), 헤겔, 호러스 만(Horace Mann), 존 듀웨이, 윌리암 제임스까지 이르고 있다. 이 교육적 정신착란의 뒤에 있는 이유는 다음과 같다.

1. 주된 문제점은 전쟁이다.
2. 사람들이 차이점들을 가지고 있는 한 전쟁을 제거할 수는 없다.
3. 전쟁의 해결책은 차이점들을 제거하는 것이다.
4. 그러나 이것은 살인이나 전쟁이 없이는 불가능하다.
   a. 아무 차이도 없는 척 행동한다.
   b. 다음 세대에게 아무런 차이도 없다고 가르친다.

a,b를 실행하는 자들은 사람의 성품, 피부색, 윤리, 법칙, 법규, 법, 성별, 크기, 체중, 키, 모양, 역사책 등을 어떠한 방법을 동원해서라도 바꾸고자 한다. 그들이 의도하는 목적은 “땅에 평화를, 사람에게 호의를”이다.

이것이 바로 세상의 모든 서방국가의 지도자들이 갖고 있는 생각들이다. 그러나 알다시피 남자는 여자가 아니며, 백인은 흑인이 아니고, 녹색등은 빨간등이 아니며, 키 작은 사람은 키 큰 사람이 아니고, 하늘은 지옥이 아니며, 교육은 지성이 아니다. [비록 부처와 데이브 가드너는 모든 불교도들이 고백하는 것처럼 차이점을 인정했지만, 그들이 진리를 깨달은 것은 아니다. 그래서 오늘날 큰 전쟁들은 불교 국가에서 일어난다.]

종교개혁 성경을 파괴시키는 자도 귀납적 방법을 사용했다. 그들은 성경의 주요한 가르침을 독특한 단어들과 어미들의 미세한 범위로 낮추는 것으로 시작한다. 그래서 그들은 성경의 주요한 가르침을 부인하는 “성서”를 만들어 냈다. 그들은 진리 자체가 설명하는 것 대신 특이한 예부터 시작함으로 진리를 지워버렸다.

『**아무도 너희를... 헛된 속임수로 노략질하지 못하도록 주의하라**』(8절). 귀납적 방법은 예외가 법칙을 증명하는 것이 아니라, 법칙을 던져 버린다고 가르친다.

A. 살인은 나쁜 것이 아니다. 왜냐하면 특수한 상황에서는....

B. 간음은 나쁜 것이 아니다. 왜냐하면 이러한 경우에는...

C. 아이들을 부모와 분리하여 연방정부가 기르도록 하는 것은 나쁜 것이 아니다. 왜냐하면 워싱턴 D.C의 상황은 지금...

D. 오레곤, 캔자스, 미시간, 미시시피의 복지상태는 나쁘지 않다. 왜냐하면 워싱턴 D.C에는 너무나 많은 사람들이 생계수단이 없어...

유네스코와 NAACP는 이러한 속임수를 쓴다. 그들은 계속해서 그러한 정책을 고수할 텐데, 전능하신 하나님께서 그들의 조직을 아마겟돈 계곡(계 14,17장)에서 멸망시킬 심판 때까지 고수할 것이다. 더 나아가 미국의 대법원, 교육기구, CIA, FBI, 공화당, 민주당의 지도자들 모두가 이런 종류의 사람들로 구성되어 있다. 그들은 특이한 경우들을 사용하여 다음과 같은 것들을 던져 버린다.

1. 상식 – 인종 통합의 경우처럼

2. 범죄, 법규 – "시위"의 경우처럼

3. 미국의 헌법 – "시민권" 소송에서처럼

4. 하나님의 말씀 – 밥 존스, 달라스, 풀러, 무디, 콜롬비아대학에 의해 추천된 "NASV"의 경우처럼

5. 국가의 주권 – 강제적인 버스 통학(백인, 흑인을 뒤섞기 위한)의 경우처럼

6. 세계 평화 – 동베를린, 유고슬라비아, 쿠바, 동파기스탄 등의 경우처럼

7. 역사적이고 사실적인 진리 – 북아일랜드의 로마카톨릭의 행위

들(1965–1970)을 뉴스에서 다루는 경우처럼

이 게임의 제목은 "법칙은 없다"이거나 "어떤 사람의 생각은 다른 사람의 생각처럼 좋다"이다. 그래서 돈과 권력을 가진 사람이 이긴다. 이것은 카인이 아벨을 죽이면서부터 문명화된 세상에서 행해지는 게임이며, "귀납적 방법"이 무슨 일이든지 할 것이라고 믿는 바보들의 이 같이 정신나간 짓들은 전능하신 하나님께서 개입하실 때만이 멈출 수 있다.

인류의 문제, 인종 구분, 성별 차이, 상식, 우주의 질서, 수학, 대수표, 사물의 조화, 균형, 리듬, 색, 색조, 죄, 죽음, 심판, 영원에 대한 오늘날의 일반적인 법칙은 마치 창세기 11장에서 하나님께서 바벨을 엉망으로 만드실 때와 같다(창 4:1–10 참조). 이 법칙에도 예외들이 발견되기는 하나, 그것들은 오직 합리적인 사람의 마음에 법칙을 세울 뿐이다. 그러나 어떤 진정한 진화론자도 합리적일 수 없는데, 이는 그의 전체 체계(다윈–아인슈타인)가 과학의 열역학 법칙을 무시하는 불합리한 종교적 발상에서 나온 것이기 때문이다. 그러므로 전쟁이 평화조약 다음에 따라 나오듯이, 모든 진화론자들은 예외가 법칙을 던져 버린다고 믿는다.

이것은 모든 혁명가들, 허무주의자, 검은 회교도, 국제 사회주의자, 공산주의자, 무정부주의자의 종교적 신념의 기초이다.

이 문제에 대한 전체 사실을 요약하자면, 그것은 바로 구원받지 못한 죄인의 아담적 성품에 대한 묘사이다. 그는 자신을 우주의 하나님과 대항하는 위치에 놓고 하늘과 땅의 전능하신 주권자이신 하나님께 권위를 두는 대신 자신에게로 권위를 귀속시킨다. 하나님만이 행사하실 수 있는 권위를 훔쳐간 이 도둑이 그것을 가지고 무엇을 하겠는가? 교황은 그 권위를 자신에게 위임하고, 교황주의자들은 카톨릭 교회에게 위임하며, 마르크스와 레닌과 모택동은 "인민들"에게 위임하고(아브라함 링컨이 게티스버그에서 했던 공산주의 연설을 보라), 칼 매닝거는 정신과의사와 사회봉사자들에게 위임하며, 달라스 신학교의 교수진들은 헬라어 교수들에게 위임하고, 로크만 재단은 자신들에게 권위를 위임한다.

모든 반역들은 하나님께 대항하여 그들 자신의 권위로 하나님을 바로잡으려는 것들이다.

그것은 미로와 피카소가 미술에 돌렸던 것이고, 브람스와 스트라우스가 음악에 돌렸던 것이다. 그것은 교황 바오로와 피의 메리가 교회에게 주었던 것이고, 티엠와 웨스트가 신약에 주었던 것이다. 그것은 히틀러와 무솔리니가 유럽에 위임했던 것이고, 링컨과 케네디가 미국의 평화에 위임했던 것이다. 그것은 마일러(Mailer)와 볼드윈이 문학에 돌렸던 것이고, 슈바이처와 카가와가 기독교에 돌렸던 것이다. "헛된 속임수"는 법을 파괴하는 자들을 만들어 낸다.

『**아무도 너희를... 헛된 속임수로 노략질하지 못하도록 주의하라**』(8절). 그러나 우리의 본문은 아직 "개들을 떠나게 하지는" 않을 것이다. 이것은 라오디케아 교회를 위해서 기록되었고, 라오디케아 교회는 더 많은 책망이 필요하다.

『**아무도 너희를... 노략질하지 못하도록 주의하라. 그것들은 사람의 전통과**』(8절). 우리는 여기서 모든 전통들을 일일이 열거할 수는 없고, 단지 사람들이 "진리"를 찾고자 할 때 놓여 있는 생각들을 24가지만 열거한다.

1. LXX(칠십인역)은 그리스도의 때 이전에 기록되었다.
2. 마리아는 지금 육신을 입고 하늘에 있는 영원한 처녀이다.

3. 로마카톨릭 교회의 첫 번째 교황은 베드로이다.
4. 바티칸 사본과 시내 사본은 “가장 오래된 필사본들”이다.
5. 바티칸 사본과 시내 사본은 “믿을 만하고”, “가장 훌륭한 필사본들”이다.
6. <뉴스코필드 성경>은 <킹제임스성경>이다.
7. 외경은 구약의 일부이다.
8. 하나님은 모든 사람의 아버지이시다.
9. 그리스도는 층층나무(dogwood)에 못박히셨다.
10. 산타클로스는 굴뚝을 타고 내려온다.
11. 물침례는 영적 구원과 관련된다.
12. 주의 만찬은 성사이다.
13. 교황들은 사도의 계승자들이다.
14. 당신은 양심을 따름으로 구원을 받을 수 있다.
15. 하나님께서는 아무도 지옥으로 보내지 않으실 것이다.
16. 웨스트코트와 홀트는 성경 학자들이다.
17. 어거스틴은 위대한 성경 교사였다.
18. <킹제임스성경>은 제임스왕에 의해 번역되었다.
19. ASV(1901 또는 1960)는 <킹제임스성경>만큼 훌륭하다.
20. 그리스도는 적갈색의 머리카락과 파란 눈을 가지셨다.
21. 그리스도께서는 금요일에 돌아가셨다.
22. 구약은 예수 그리스도의 초림에서 완전히 성취되었다.
23. 성경은 인종 혼합을 가르친다.
24. 성경은 세계 평화를 위해 함께 일하라고 가르친다.

등등...

“사람의 전통”은 진리를 거부하고, 진리를 바꾸고, 진리를 속이며,

진리를 감추고, 진리를 모방하며, 진리를 짓밟고, 진리를 불쾌하게 여기며, 진리에 불순종하고, 진리를 제거한다(마 15:2,3).

"사람의 전통"(마 7:3,5,8,9,13)은 그들 자신의 유익에 해로운 진리를 바꾸어 그들 자신의 유익에 적합하고 편리하도록 만드는 일을 한다. 반면 바울이 "성경적 전통"(살후 2:15; 3:6)을 말할 때, 그는 말씀의 가르침들(살전 2:13)을 언급하는 것이다. 로마서 12-14장이 "세상의 유치한 원리"가 아니듯이 "성경적 전통들"은 A.D. 200-500년 사이의 로마카톨릭의 전통들이 아니다.

"전통의 증거들"[테론(Theron), 1958]이란 심포지움에서는 성경적 전통이 아닌 성경을 거부한 로마카톨릭의 증거들만이 발견될 뿐이다. 어떤 "전통"이든지 마태복음 13:55, 요한복음 3:3, 에베소서 2:8,9, 로마서 10:9,10, 디모데전서 2:5; 3:1-6, 요한계시록 17:1-8, 히브리서 10:8-12, 고린도전서 15:1-5, 시편 119:40, 잠언 30:5, 마가복음 10:42,43과 반대되는 것은 "사람의 전통"이다. 그리스도인들은 그러한 것들을 무시해야만 한다.

『**아무도 너희를...노략질하지 못하도록 주의하라. 그것들은...세상의 유치한 원리를 따른 것이며**』(8절). 이 시점에서 "로마의 바티칸" 패거리들은 찢어지고, 얻어터지고, 잘리고, 피흘린 몸을 추스려서, 그들의 주석을 위해 다시 소집한다. 그러나 이번에는 학생들이 전에 있었던 일들을 보았기 때문에 올바른 마음의 상태에서 들을 수 있다. [이제 심각한 논의들은 이미 끝났다. 저들은 초반에 이미 전투력을 상실하고 말았다.]

"세상의 유치한 원리"에 대해 학자들이 연연해하는 모습들을 보라. 그것들이 "천사들"(힐겐펠드, 립시우스, 홀스텐, 클로퍼)일 때를 제외하고, 그것들이 "법규들"(제미에슨, 포셋, 브라운)일 때를 제외하고, 그것들이 "근본들"(슈네더만)일 때를 제외하고, 그것들이 "세상의 기초들"(더멜로우)일 때를 제외하고, 그것들이 "하늘의 몸들"(네안더, 오리겐, 호프만)일 때를 제외하고... 그들은 이것, 저것을 모두 제외하기를 바란다. 피크는 "세상의 유치한 원리"가 "기초적인 영들"이라고 말한다.

아니다. "세상의 유치한 원리"는 미술이나 사업의 유치한 원리와 같다. 그것들은 기본적이고 근본적인 (미술이나 사업이 발전하기 위한) 활동들이다. 미술의 원리는 색, 구성, 원근, 그림자, 비율, 균형, 선을 다루는 것이다. 음악의 원리는 소절, 오선, 쉼표, 음표, 늘임표, 음조, 기호, 박자, 계명 등을 다루는 것이다. 이 세상의 유치한 원리는 시간을 두고 자신과 세상을 살펴보았던 정직한 자라면 누구나 알 수 있는데, 이 세상 어느 대륙에 살고, 어떤 인종이며, 어떤 나이든 그들은 이 근본적인 원리를 위해 일하고 있다.

사탄이 그리스도인들을 혼잡케하거나, 죄인들을 정죄하고자 할 때 그는 모든 사람들에게 키, 모양, 체중, 색깔, 나이, 생활 상태, 기호, 환경, 수준, 유전, I.Q와 상관없이 똑같은 형태의 방법들을 사용한다.

1. "다른 모든 사람들도 그것을 한다"
2. "우리는 항상 그렇게 해 왔는데"
3. "아주 조금은 괜찮을 거야"
4. "내 양심은 전혀 괴롭지 않은데"
5. "우리는 그만둘 때를 알아"
6. "당신도 먹고 살아야 하는데"
7. "모든 것은 어떻게 보느냐에 달려 있어"

이러한 것들이 이 세상에서 저질러진 모든 죄의 알리바이들이다.

이것이 세상의 철학이고, 사람의 전통이다. 여러분이 행한 모든 죄가 이러한 기초 위에서 한 가지 이상 저질러졌다. 이것들은 어느 시대건 세상 체계의 근본인 악한 반석이며, 최근 6,000년간 세상이 계속 발전해 왔다고 생각하는 어리석은 사람들은 개인적인 편법의 목적을 위해 스스로 속았던 자들이다. 만일 사탄이 4성 장군을 정죄하길 원한다면, 그는 신병에게 썼던 동일한 방법을 사용할 것이다. "유치한 원리"에 대해서는 박사나 고등학교 신입생이나 다를 것이 없다. "모든 사람이 비슷하게 지어졌다는" 것을 볼 수 있었다면, 이제는 그들 모두가 허물과 죄로 죽었고, 그들이 세상에 속하였기 때문에(요 17:14) 세상이 그들의 말을 듣는(요일 4:5) 장면도 볼 수 있다. 그러므로 새로운 탄생이 절대적으로 필요하다.

성경적 기독교의 원리들은 다음과 같다.

1. 그것이 옳은가?
2. 그것이 하나님을 기쁘시게 하는가?
3. 그것이 덕을 세우는가?
4. 그것이 합당한가?
5. 그것이 하나님께 영광을 돌리는가?
6. 그것 때문에 내가 진심으로 하나님께 감사할 수 있는가?
7. 그것이 그리스도의 심판석에서 어떻게 나타날 것인가?

알다시피 두 원리가 정반대로 대조를 이루고 있으며, 그 둘은 하나도 공통된 것이 없고, 두 기준들 사이에 연합할 수 있는 "부드러운 그리스도 같은 영"이란 있을 수 없다. 한 쪽은 세상의 것이고, 반대쪽은 하나님의 것이다. 하나는 타락한 사람의 일이고, 반대편은 성령의 사역이다.

주요 철학자들 중에서 자신의 이성, 논리, 사고, 단어들, 일, 저서,

결론, 가르침을 두 번째 원리들에 근거를 두었던 사람은 단 한 명도 없었다. 거듭나지 않고는 그렇게 생각할 수 없으며, 거듭난 후라도 함께 있는 인격(겉사람)에 의해 가끔 "새 사람"이 방해를 받기도 하고, 타락한 사람의 대단한 특권인 "세상의 유치한 원리"(8절)를 재확인함으로 방해를 받기도 한다. 이것이 여기서 경고하는 이유이다. 이것은 전에도 말했지만 교회 시대의 마지막 교회이자 주 예수 그리스도의 재림 직전의 교회인 라오디케아 교회 시대의 그리스도인들을 겨냥해서 주신 말씀들이다.

유치한 원리들 중 하나는 "다른 모든 사람들이 그것을 한다"는 것인데, 이것은 이 시대의 대다수의 주석가, 학자들, 개정자들이 진리를 찾으려는 시도도 하지 않은 채 그들의 교수를 단순히 흉내내었다는 것을 의미한다. "세상의 유치한 원리"는 어느 시대든지 세계 인구의 95%의 결정을 인도하고 조정하며, 오직 소수의 용감한 자들만이 새로운 탄생의 원리들을 따라 결정하는 법이다. 이 세상의 "신"은 지금까지 그의 "헌법과 법률들"을 지키며, 그것들을 사용하여 모든 세대에서 뛰어난 성공을 거두어 왔다. 그들은 모두 한 가지 근본 법칙 위에 있는데 바로 "어떻게 내가 하고 싶은 일을 정당화시킬 수 있는가?" 라는 것이다(잠언 18:1,2의 주석 참조).

『...**그리스도를 따른 것이 아니니라**』(8절). 이것은 분명히 철학, 헛된 속임수, 사람의 전통, 세상의 유치한 원리가 주 예수 그리스도와 관련되지 않음을 가리킨다. 예수 그리스도는 이 단어들의 반의어이다. 그것들은 (20,21세기 상투어구를 사용하여) 극과 극으로 분열되어 있었다. 우리의 "깊이 있는 공부"는 열거된 항목들이 "사회와 관련 있지"도 않고 의미롭지도 않다는 것을 보여 줄 것이다.

따라서 거듭나지 못한 철학자들이 철학을 성경적 기독교와 일치시키려는 어떤 시도도 유효하지 못할 것이다. 존 위클리프와 마틴 루터를 "철학자들"과 함께 열거하는 것은(<철학 역사 핸드북>, 아베이, 바네스, 노우블 교수 지음, p.xiii) 그의 세대에 강한 영향을 준 지혜로운 그리스도인을 향한 철학자들의 시기심을 보여 줄 뿐이다. 이 성령충만한 사람들을 무시하기 위해 그들을 라이프니쯔, 칸트, 쉘링, 슐라이어마허, 바우어, 키에르케고르, 엥겔 등과 같이 나열하는 것이다. 이것은 다음의 두 가지 썩어빠진 정통 "기독교" 중 하나를 제시한다.

1. 쉘링과 라이프니쯔가 그리스도인이었다.

2. 루터와 위클리프가 "철학자들"이기 때문에, 철학이 잘못된 것이 아니다.

이 중 어떤 말도 진리가 아니며, 이러한 것들을 받아들이는 믿음에 대해 골로새서 2:8에서 분명하게 경고하고 있다. 전통과 헛된 속임수에 대해 경고하였으며, 철학은 이 모두를 사용한다. 세상의 유치한 원리는 철학자들이 사고하는 기본적인 것들이며, 그들의 원동력 역시 기록된 형태로 인간에게 주신 하나님의 뜻에 대한 적대감이다.

『**그분 안에는 신격의 모든 충만함이 몸의 형태로 거하시나니**』(9절). 이것은 과거에도 진리였고, 현재에도 진리이다. 신격의 충만함은 예수 그리스도 안에서 몸의 형태로 거하시는데, 땅에서는 사람으로(요 1:14,18; 14:10, 딤전 3:16) 거하셨고, 이제는 그의 영적인 몸 안에서 거하신다(엡 3:19; 1:23; 4:16).

『**너희도... 그의 안에서 온전하게 되느니라**』(10절). "지혜와 지식"(3절)의 길에서 여러분이 필요한 모든 것은 그분 안에서 발견되는 것이지, 철학이나 전통에서 발견되지 않는다. 이것이 본문에서 이 구절이 가르치는 바이다. 그러나 로마카톨릭 패거리들은 "온전하게 됨"은 "영적 필요," "은혜의 근원," "충만하게 됨"이나, 그 밖에 본문에서 가르치는 것을 제외한 세상의 터무니없는 것들을 언급한다고 말하면서 여러분의 시간을 허비하게 만든다. 그러나 본문은 요한일서 5:20의 진리를 가리킨다. 여러분 안에 신격이 있다면(골 1:27의 주석과 요 17:21-23을 함께 읽어 보라), 왜 신격이 거하지 않는 사람들의 글들과 말들에 신경을 쓰는가? 여러분이 욥기, 잠언, 전도서로부터 얻을 수 없었던 지혜와 지식을 이 사람들로부터 얻을 것이라 기대하는가? 창조론과 진화론을 토론하는 학자들의 도움이 없이도, 우리는 히브리서 11:3로부터 즉시 무엇이 진리인가를 알 수 있다.

예수 그리스도께서 모든 정사와 권세의(골 1:16; 2:15) 머리시라면, 여러분이 찾아낼 수 없었던 것을 그들이 어떻게 알겠는가?(고전 2:1-10) 성령께서 우리에게 "하나님의 깊은 것들"(고전 2:10)을 계시하시고, "주 하나님은 선지자들인 그의 종들에게 그의 비밀을" 나타내며(암 3:7), 그가 벽에 쓰신 글을 읽을 수 있다면(단 5장), 왜 그리스도인이 헤겔, 스피노자, 프로이드, 킴세이, 루벤, 버트란드 러셀, 존 듀웨이, 마르크스, 엥겔스, 모택동, 호치민, 루즈벨트, 아리스토텔레스, 플라토, 존 로크나 교황에 대해 공부하느라 시간을 허비하는가? 이들에게서 얻을 수 있는 유일한 것은 성경을 거부하는 이교도들이 얼마나 어리석은가라는 것이다.

지혜와 지식(3절)은 하나님 아버지에 의해 우리를 위하여 "지혜"가 되신 그리스도 안에 있다(고전 1:30). "지혜를 사랑하는 자들"은 그러므로 베드로, 야고보, 요한, 마리아가 있었던 곳인 예수님의 발아래 앉는 데 그들의 시간을 사용해야 할 것이다.

『또한 너희가 그의 안에서 손으로 하지 아니한 할례를 받았으니 곧 그리스도의 할례로 육신의 죄들의 몸을 벗어 버린 것이라. 너희가 침례로 그와 함께 장사되었고 또 하나님께서 그를 죽은 자들로부터 살리신 역사를 믿음으로 말미암아 너희도 그와 함께 살아났느니라』 (11,12절). 200년(오리겐)부터 1960년(N.B.주석)까지의 주요한 주석가들 중 한 명도 이 구절을 있는 그대로 설명하지 못했기에 우리는 먼저 성령께서 스스로 설명하신 주석을 보고 난 뒤, 성경의 대적자들이 본문을 얼마나 훼손시켰는지 간단히 살펴볼 것이다.

먼저 우리는 주석가들이 소위 "과거의 신학적 논쟁점"에 대한 강박관념을 가지고 있음을 주목해야 한다. 이 문제는 죽은 정통주의 배교자들에게는 심각한데, 그들은 이 구절을 원래의 위치에다 적용하지 못하고 매번 과거에다만 적용하려 든다. 이렇게 하기 위해서는 "과거의 신학적 논쟁점"을 사용하는 것이 편리하다. 따라서 이들 배교자들은 그 구절들을 영지주의, 아리안주의, 단성론, 네스토리안, 아폴로네리안, 유티키안, 에비온 학파의 논쟁등과 같이 교회사의 초기 5세기 동안의 논쟁들과 연결시켜 버렸다. 앞에 제시한 구절에서 "육신의 죄들의 몸"을 영적으로 풀어서 "모든 것이 악하다는 영지주의 이단의 논박"이라고 하고, "그리스도의 할례"를 십자가의 때로 되가져 감으로 오늘날의 성도에게는 어떤 적용도 하지 않는다.

이제 우리 앞에 있는 사실들, 즉 보존된 절대무오한 <킹제임스성경>은 다음과 같이 말한다.

1. 여러분의 영적인 혼은 여러분이 태어날 때 실제적이고, 육적인 몸에 붙어 있다. "허물과 죄로 죽어서" 태어나기 때문에(엡 2:1-4), 혼은 육신에 "붙어 있다"(롬 7:5). 그러므로 여러분은 구원받기 전에 "육신 안에"(롬 8:9) 있다고 말한다. 구약에서는 아브라함, 이삭, 야곱, 모

세, 요셉, 다윗, 노아 등 모두가 육신 안에 있었기에 아무도 죽을 때 셋째 하늘에 올라가지 못했다(히 11:39). 또한 구약에서는 혼을 몸으로 말하기도 했다(창 19:20; 46:18, 레 7:18,20; 22:6,11 등). 이 때문에 러드포드와 러셀주의자들이 이 둘을 같은 것으로 착각한 것이다.

2. 아담이 타락하기 이전에는 이 혼이 느슨했었다. 설사 혼이 육신에 붙어 있었다 하더라도 약간만 붙어 있었으며, 타락 이전까지는 아담의 육신은 죄가 없었다(창 2:7). 아담의 영이 죽었을 때(엡 2:1-4 주석 참조), 그 혼은 썩은 육신의 몸(롬 7:25)에 붙어 있는 상태로 발견되었다(롬 7:1-4). 그리스도께서 이 땅에 성령을 보내시기까지는(행 2:1-4), 아무도(구원받았든 받지 못했든) "손으로 하지 아니한 할례를" 받지 못했다. 이것은 왜 아브라함이 진짜 칼을 가지고 스스로 할례를 행했는지를(창 17장) 설명해 준다. 그의 구원은 우리의 모형이지만(롬 4:4-12), 그가 구원을 받았을 때 그에게는 우리에게 일어난 어떤 일도 일어나지 않았다(갈 3:6-9 주석 참조).

3. 결론적으로 혼은 실제적인 몸 안에 몸의 형태를 가지고 있다는 것이다. 이것이 장미 십자회에서 말하는 "자아"나 "영체"(astral body)이다. 그것이 오로지 개인적인 소유인(막 8:36) 영적인 몸(고전 15:44)이다. 그러나 이 결론은 클라크, 엘리콧, 제미에슨, 포셋, 웨스테인, 알포드, 로버트슨, 메이첸, 와필드, 티엠, 웨스트, 홀트, 홉트, 립시우스, 슈네더만, 라잇풋, 가우센, 트렌취, 빈센트, 드라이버, 델리치, 메튜 헨리, 윌리엄스, 벌링거, 더멜로우, <강단주석>의 저자들에 의해 거절되거나 무시되는데, 이는 이들이 철학자들이기 때문이다. 헬라 철학자는 혼이 사람 몸 안 어디엔가 붙어 있는 땅콩이나 야구공 크기만한 것이라고 가르친다. [이것은 또한 왜 존 칼빈이 "이분설"을 주장하는지를 설명해 준다. 칼빈은 철학으로 가득 차 있어서 철학이

그를 노략질한 것이다(8절).]

본문에서 혼이 베어져 느슨하게 되면, 이 혼은 다시 재혼할 수 있다(롬 7장). 이는 자아가 "영 안에"(롬 8:9,10) 놓여지고, 혼이 할례를 받는 순간(요 3:3-6) 영은 그리스도의 영에(고전 6:17) 결합하기 때문이다. 그러므로 본문 골로새서 2:11,12은 문자적으로 취해져야 한다. [피크 박사는 문자적으로 시작했다가(op. cit., p.525) 그것이 암시하는 바를 보고는 마지막에 다시 취소하고 말았다.]

성경적 진리는 사도행전 2장부터 예수 그리스도를 믿는 모든 사람이 그의 몸 안에서 일어나는 수술로 인하여 문자적인 그의 육신으로부터 "관계를 끊었다"는 것이다. 이 수술은 그가 그리스도를 믿음으로 영접할 때(골 2:13), 보이지 않은 칼(히 4:12)에 의해 시행되었다. 오늘날에는 외과의사들이 이러한 행동을 <킹제임스성경>을 따라 "operation"(수술, 12절)이라 부른다. [레이저 빔은 피부를 자르거나 파괴하지 않고도 내부 기관에 수술을 할 수 있는데, 이 레이저 빔도 살아 있는 하나님(히 4:12,13)의 살아 있는 말씀(욥 40:19)보다는 훨씬 뒤쳐진 방법이다.]

여러분이 "그 안에" 있다면 온전한 것이며, 여러분이 그의 밖에 있다면 온전하지 못한 것이다. [그리고 말씀은 바티칸 사본처럼 10절에서 "그것"(it)이 아니라 "그"(him)이다.]

"그리스도의 할례"는 결코 그의 갈보리에서의 죽음을 가리키지 않는데, 이는 그분이 직접 칼을 들고 여러분의 몸으로부터 여러분을 분리하고, 성령으로 여러분의 영을 자신에게로 집어넣으시기 때문이다(고전 12:13, 엡 4:4,5). 성경에서 문자적인 할례와 영적인 할례를 발견할 수 있듯이(창 17장과 여기), 성경에서 문자적인 침례와 영적인 침례를 발견할 수 있다(행 8:38과 여기). 이 진리와 반대되는 주석이나 이 진리를 경시하거나 무시하는 주석, 이 진리를 피하는 주석들은 모두 그리스도의 몸 안의 "공인된 학자"를 통해서 기록된 사탄의 주석이다.

피크는(op cit, p.525) 십자가에서 여러분에게 관념적으로 일어난 것이 지금 그리스도와 "연합함으로 실현되었다"라고 말한다. 그러나 그의 초기 주석이 오히려 훨씬 낫다. "그것은 죄의 거처로서의 육신으로 이루어진 몸을 의미한다." 그것이 바로 정답이다(빌 3:21 주석 참조). 하지만 이것이 얼마나 "영지주의적으로" 보이는가! 그래서 "영지주의자"라는 호칭을 피하기 위해 그는 자신의 입장을 뒤집어 "사람의 전통"을 따라가 버린 것이다. 홉트, 소텐, 더멜로우, <강단주석>, 클레인은 할례를 그리스도의 죽음으로 언급하고, 제미에슨, 포셋, 브라운은 성도들이 "불완전하게 이상을 실현한" 것처럼 진리를 "이상적으로" 실현될 "이상적인 개념"으로 바꿔버렸다. 메이어, 고데트, 비트는 그것이 단순히 육신이 아니라 "죄 많은 법칙"이고, 윌리엄스는 "옛 사람"이라고 생각했다.

골로새서 2:11,12과 관련하여 진리로부터 떠나버린 가장 현저한 일은 "육신의 죄들의 몸"(11절)에서 RV, ASV, RSV, NRSV와 그의 변개된 책들이 "죄들의"(of the sins)를 삭제하였다는 점이다. 이 삭제에도 불구하고 여전히 "육신의 몸"을 벗어버린다가 되기 때문에, 결국 본문의 진리를 완전히 지워버릴 수는 없다. 헬라어 본문을 왜곡시키고도 이들 개정자들과 주석가들은 여전히 그들 자신의 변개된 작품을 해석하지 못하고 있다(9번 현상).

<필립스 성경>은 당신이 당신의 "죄들"(당신의 몸이 아니라)로부터 자유로워졌다고 말하고, NEB는 당신의 "저속한 성품"(당신의 몸이 아니라)이 벗겨졌다고 말한다.

<리빙 레터즈>는 "악한 욕망들"(당신의 몸이 아니라)로부터 분리되었다고 말하고, <현대인을 위한 기쁜 소식>은 "당신의 죄 많은 몸의 능력"(당신의 몸이 아니라)을 제거했다고 말한다.

본문을 "육신의 몸"으로 바꾸어 놓고 나서, 하나님의 말씀의 변개자들이 자신의 변개된 것들로부터 어떤 의미도 알아내지 못하는 것이 놀랍지 않은가?

사도행전 2장부터 지금까지 그리스도를 발견한 성도들은 모두 약 2천만 명에서 1억 명 정도 되는데, 이들 모두는 주석가들이나 개정자들이 생각했던 그런 방법으로 구원받지 않았고, "육신의 죄들의 몸"을 벗어버리는 이 같은 방법으로 할례를 받았다.

이 시대의 모든 성도들은 뜨거운 물에 담갔다 꺼낸 제빙용기의 얼음과도 같다(얼음이 얼어 있는 용기에 뜨거운 물을 부으면 소리가 나면서 용기로부터 떨어진다). 그는 위치적으로 제빙용기 안에 있으나(빌 3:3,4 주석 참조), 그는 제빙용기에 붙어 있는 것은 아니다(계 1:5의 헬라어 본문을 보라). 그리스도인은 육신적인 몸 안에서 그의 혼이 완전히 자유로워졌다. 그는 말 그대로 "자유케 되었다"(요 8:32). 어떤 주석이나 어떤 변개된 성경도 이러한 진리를 찾아내지 못했다. 그것들은 성경을 거부하고, 빛을 거절하고, 진리를 왜곡시킨 "그리스도인"의 작품일 뿐이다.

진리를 파괴한 뒤 그들은 이제 자신들의 사사로운 성경 해석으로 진리를 대치하고 있다. 이 중 첫 번째는 자연히 침례로 인한 중생이다.

피크 박사는 여기서 그리스도인의 개인적인 경험으로서 "침례의 과정"과 "침례의 결과"와 "침례 의식"을 얻고자 한다. 알포드, 호프만, 엘리콧, 라잇풋, 소덴, 홉트, 아봇, 칼빈과 다른 이단들은 영적인 할례가 아기들에게 물을 뿌려 구원받게 하는 것이라고 말한다. 루터,

메이어, 크리소스톰은 침례가 "과정"이라고 생각하였으며, <확대역본>은 12절의 침례 앞에 "너희의"라는 단어를 첨가함으로, 아기에게 물을 뿌릴 때 침례로 인해 거듭난다는 개혁 기독교의 입장을 재확인해 주었다.

배교한 NEB와 마찬가지로 <현대인을 위한 기쁜 소식>도 이러한 입장을 취하고 있다. <위클리프 주석>은 본문의 할례를 19세기 이전으로 돌려 놓을 뿐 아니라, 로마서 6:1-4의 침례가 물침례라고 말하고 있다(p.1200). 윌리엄스와 벌링거는 자연히 여기에서 물침례를 언급하는 것을 거부하나, 이것은 그들이 정확히 하나님의 말씀을 알았기 때문이 아니라, 이 세대에는 물침례가 없다고 주장하기 때문이다. 이것은 윌리엄스가 "그리스도의 할례"를 다른 배교한 정통주의자들과 같이 그리스도의 죽음이라고 해놓은 것만 보더라도 알 수 있다. 그러나 이것은 엄청난 실수이다. 이것은 각 개인의 죽음(롬 6:5-10)을 언급하는 것이다.

<강단주석>은 자연히 헬라어 본문에다 침례를 받음으로 중생한다는 이교도의 미신을 보강하기 위해 "너희의"(your)라는 단어를 첨가시켰다. [이것은 어느 필사본 계열에서도 발견되지 않는다.] 이 첨가는 "*Baptismos*"가 "너희의 침례로"를 의미할 수 있다는 기초 위에서 정당화시킨 것이다. 이것은 유아에게 물뿌림으로 "그리스도 안으로" 들어간다고 생각하는(갈 3:27 주석) 트레겔레스, 알포드, 라잇풋과 성경을 거부하는 다른 "그리스도인들"의 입장이다.

<강단주석>과 그 회중교회 저자들은 장사지냄으로 거듭나는 침례(12절)를 가르치는 것과 세례반(font)에서 아기에게 물뿌리는 것의 차이를 자연히 알게 된다. 그러므로 조심스러운 저자는 여기서의 침례는 "원초적 침례"를 언급한다고 조심스럽게 말한다(Vol, p.86). [나는

그것이 침례교인에게는 매우 우스운 일이라고 확신한다.]

『**침례로 그와 함께 장사되었고...**』(12절)는 명확히 로마서 6:4과 에베소서 4:4의 장사를 가리킨다. 이것은 야고보와 요한이 경험했던 침례(마 20:23)이며, 바울과 실라가 경험했던 침례이기도 하다. 벌링거, 스탬, 베이커, 오헤어는 이 침례들을 해부하고 해체하기 위해서 "한 몸"보다 더 많이 만드는 시도들을 했는데, 이는 결국 그들이 한 몸, 한 침례를 말하는 것이 신실하지 못함을 보여 줄 뿐이다. 바울을 예수 그리스도 안으로 침례시켰던 죽음의 침례(12절)는 바울이 회심하기 전에 야고보와 요한을 그리스도 안으로 넣은 침례(마 20:23)와 같다. 그리스도인은 구원받을 때 예수 그리스도 안으로 잠기며 그래서 나타난 세 가지 과정을 통해 영생의 동참자가 된다.

1. 십자가에서의 죽음(갈 2:20).
2. 장사지냄(골 2:12).
3. 부활(롬 6:1-4).

그래서 그리스도인은(그리스도와 함께 죽은 뒤) 그리스도와 함께 장사되었고, 죽은 자들로부터 "생명의 새로움 가운데서 행하게 하려고"(롬 6:4) 살리셨다는 말을 듣는다(갈 5:16 주석 참조). 물침례는 영원히 "한 침례"의 모형(벧전 3:21)으로 남으며, 그래서 다음의 세 가지 진리를 따라야 한다.

1. 물침례가 진정한 모형이 되려면, 반드시 잠겨야만 한다.
2. 어떤 물침례든 진정한 모형이 되려면, 그것을 받는 사람이 그리스도 안에 있어야만 한다.
3. 어떤 물침례든 진정한 모형이 되려면, "성사"나 "새로운 탄생"으로서가 아니라 구원의 모형으로 제시되어야만 한다.

따라서 이 세상에서 침례받은 90% 이상의 사람들이 그들의 지도

자에 의해 속임을 당했다. 재침례교도, 반유아세례론자, 침례교도만이 교회의 시작부터 지금까지 이 세 가지 진리를 주장해 왔다. 캠벨파와 오순절파는 항상 사도행전 2:38과 거듭남을 혼동하여 물에 잠기는 "침례로 인한 중생"을 가르친다. 카톨릭과 회중 교회는 항상 요한복음 3:5과 거듭남을 혼동하여 물뿌리는 세례로 인한 중생을 가르친다. 루터교와 장로교, 감리교는 한 번도 침례를 받는 사람이 잠겨야 한다는 것이나 새로운 탄생을 주장하지 않는다. 이레내우스(130-202)와 저스틴 마터(A.D. 100-165)의 초기의 배교로부터 오늘날 카톨릭 병원에서 아기에게 물 뿌리는 것까지 하나님의 말씀의 진리는 보편적으로, 체계적으로, 영구히, 고의적으로 무시되고 있다.

골로새서 2:12의 침례는 그리스도를 죽은 자들로부터 일으키신 "하나님의 역사"이지 물에 잠기게 하는 "목사나 복음 전도자의 역사"가 아니다. 구원하는 침례는 성령침례이다. 물침례는 이 구원하는 침례의 모형일 뿐이다.

하나님의 "역사"를 믿는 여러분의 믿음은 의무를 수행했지만(롬 10:9-15, 엡 2:8), 실제로 영적 수술을 시행하시는 분은 하나님이시다. 『**너희의 죄들과 너희 육체의 무할례 가운데서 죽었던 너희를 하나님께서 그와 함께 살리셔서**』(13절). (에베소서 2:1-5,11과 로마서 5:12-21; 8:1,2,6을 보라.)

구원받았을 때 하나님의 자녀에게는 5가지 일이 일어나는데, 모든 주석가들이 이것을 인식하든 못하든 반드시 일어난다.

1. 혼은 "몸"이라는 의미에서의 육신으로부터 벗어났다.
2. 혼은 그 감옥에서 벗어났기 때문에 구원받았다.
3. 영은 거듭나서 하나님의 성령에 결합하였다.
4. 그는 하나님의 사법적인 판결에 의해 의롭게 되고 양자로 입양

되었다.

5. 그는 성령에 의해 그리스도의 영적인 몸 안으로 침례받았다.

이것이 바로 "구속받았다," "자유케 되었다," "구원받았다," "거듭났다"는 의미이다. 이것은 지상에서 사람에게 일어나는 가장 위대한 일이고, TV, 라디오, 신문, 잡지의 어떤 기사나 보도보다 더 기쁜 소식이다.

데이크(J.F. Dake)는 13절에서 잘못 가르치기를 여러분은 여러분의 죄들로 다시 돌아가 다시 죽게 되고, 또 살림을 받고, 계속해서 그렇게 반복된다고 한다(성결 교회를 보라). 그러나 한 번 몸으로부터 벗어난 사람은 노력하더라도 "옛 사람과 다시 결합할 수 없다"(롬 7:1-3을 보라). 그는 죽었다(롬 7:3-5).

이 위대한 축복과 구속의 시작이었던 갈보리에서 그리스도께서 완성하신 일을 따라 4가지 위대한 일들이 따라나온다. 죽음이 없이는 죄들이 "구속"될 수가 없고(히 9:15), 부활이 없이는 성령께서 사람의 몸 안으로 들어가실 수 없으며(요 7:39), 몸으로부터의 할례가 없이는 성령이 그 안에 내주하실 수 없다(시 51:11,12). 예수 그리스도께서는 수술실에 의사 가운을 입고 들어가시기 전에 죽으시고, 묻히시고, 부활하셔야만 했다.

1. 그는 "손으로 쓴 법령"을 "지워버리셨다"(14절). 사도행전 15장과 에베소서 2:15에서 이 문제에 관한 성령님의 주석을 참고하라.

2. 그는 "손으로 쓴 법령을... 없애셨다(out of the way)"(14절). 그러므로 그것은 더 이상 그리스도인을 주장할 수 없다(롬 6:4-20, 고후 3장, 갈 4:1-6).

3. 그는 "그것을 그의 십자가에" 못박아 버렸다(14절). 그래서 그것은 그곳에서 그와 함께 죽었고(롬 7:1-4), 빚은 청산되었다(갈 3:13).

메리 엘렌 화이트(Mary Ellen White)는 죽은 법령을 부활시킬 수 없는데, 이는 그녀 역시 율법처럼 죽었고, 그녀의 생명을 받기 위해 여전히 그 죽은 법령을 의존하기 때문이다.

4. 그는 사탄과 그의 천사들, 마귀들과 더러운 영들을 완전히 바보로 만드셨고, 그는 공개적으로 그것들을 나타내시고 "십자가로 그들을 이기셨다"(15절).

십자가는 "믿음의 투기장"이었으며, 이 세상에서 있었던 가장 위대한 전투를 증거해 주었다(사 52,53장). 이 전투의 결과는 미래에(겔 20:4-18) 우주적인 권위(사 14:13; 9:6)를 결정해 주며, 승리자는 "이 세상뿐만 아니라 오는 세상에서도 이름 지어진 모든 이름 위에" 뛰어난 이름을 받으셨다(엡 1:21). 하나님께 영광을!

본문의 위대한 진리들은 "새로운 번역본들"이 단어들을 만들어 냄으로 즉각 제거된다. 여호와의 증인의 성경(신세계역, 1961)은 사탄과 그의 "정사와 권세"를 가리기 위해 "정사와 권세"(15절)가 "정부와 권위들"을 의미한다고 사사로운 성경 해석을 하는 건방진 일을 하였다. [그들은 에베소서 6:12에서도 동일한 짓을 행하였다.]

<리빙 레터즈>는 더 나아가 15절이 우리를 고소하는 마귀의 능력을 제거하셨다는 의미라고 사사로운 해석을 했다. 이것은 다시 요한계시록 12:3-8을 과거로 돌려 놓는 일이다(엡 4:8의 주석을 보라). 이 사실을 보충하려면 앞에서 미리 "현대의 편집자들"에 대해 설명하였던 것들을 참고하라. 그들의 성경들은 번역자들의 사적인 견해들을 가르치기 위한 사적인 인쇄물일 뿐이다(<로마카톨릭식 성경해석>, 1996, 말씀보존학회 간 참조).

<현대인을 위한 기쁜 소식, 1966>은 에베소서 4:8,9(주석 참고)의 사사로운 해석을 계속해서 강력히 지지하기 위해 "사로잡힌 자"를

구약 성도들이 아닌 악과 죄, 사탄, 죽음 등으로 만들었다. 이것을 하기 위해서, 그들은 골로새서 2:15의 “정사와 권세”가 “그의 승리의 행진에서 사로잡혀”가 버렸다는 새로운 가설을 다시 집어넣었다. 그러나 여전히 “정사와 권세”가 성도들과 치열하게 싸우기 때문에(엡 6:10-17), 우리는 <현대인을 위한 기쁜 소식>의 번역자들이 어떤 영적 통찰력도 없는 구원받지 못한 사람이든지, 영적인 진리에 눈먼 정통주의 배교자들이라는 결론을 내릴 수밖에 없다. 바울은 여러분이 하나님의 자녀라면 여러분이 정사들과 대항하고 권세들과 대항하여 싸울 것이라고 말했는데(엡 6:12), 이제는 어떤 믿을 수 없는 자들이 그 정사들과 권세들이 십자가에서 “사로잡혀갔다고” 말하는 것이다. [그가 누구든 간에 그는 여러분을 전쟁에서 완전히 패배시키려고 하는 것이다.] 알다시피 사탄이 지금 사로잡힌 자로서 묶였다면(계 20:1-3 주석 참조), <현대인을 위한 기쁜 소식>의 “승리의 행진”에서 사로잡혀갔다면, 에베소서 6:10-16의 영적인 전쟁은 한낱 웃음거리일 뿐이다. [우리들 중 적들과의 싸움에 참여해 본 자들은 전쟁이 장난이 아님을 알고 있다(욥 41:8). 그러므로 <현대인을 위한 기쁜 소식>과 같이 오만한 자들에 대한 우리의 자세는 단호해야만 한다.]

<위클리프 주석>(p.1341)은 <현대인을 위한 기쁜 소식>과 제미에슨, 포셋, 브라운의 어리석은 사사로운 해석보다 한술 더 떠서 사탄이 십자가에서 “하늘로 던져졌다”는 밑도 끝도 없는 얘기를 하고 있다(골 2:20 주석 참조). 성경을 공부하는 학생들은 성경을 거부하는 학자들의 말에 귀기울이지 말고, 성경에서 사탄이 다섯 번 던져짐을 분명히 알아야 한다.

1. 창세기 1:2에서 셋째 하늘로부터 둘째 하늘로

2. 누가복음 10:18에서 둘째 하늘로부터 첫째 하늘로

3. 요한계시록 12:9에서 첫째 하늘로부터 지상으로

4. 요한계시록 20:1,2에서 지상으로부터 끝없이 깊은 구렁으로

5. 요한계시록 20:10에서 구렁으로부터 불못으로

[이 모든 것들을 성령께서는 고의적으로 헬라어 학자들로부터 감추셨는데, 이는 그분의 진주를 돼지 앞에 던지기를 원치 않으시기 때문이다. 그들은 틀림없이 그것들을 발로 짓밟을 것인데, 이는 바로 다음의 구절들에 대한 "지식 있는 학자들"의 행동을 보더라도 분명하다.]

2:16 그러므로 음식으로나 마시는 것으로나 거룩한 날이나 새 달이나 안식일들에 관해서는 아무도 너희를 판단하지 못하게 하라.

17 이런 것들은 다가올 것들의 그림자이나 몸은 그리스도의 것이니라.

18 아무도 자의적인 겸손과 천사들을 숭배함으로 너희의 상을 속여 빼앗지 못하게 하라. 그는 보지 않은 것을 억지로 주장하고 자기 육신의 생각으로 헛되이 과장하며,

19 머리를 붙들고 있지 아니하나, 온몸은 머리로부터 마디와 힘줄을 통하여 영양을 공급받고 엮어져서 하나님께서 자라게 하심으로 자라느니라.

20 너희가 그리스도와 함께 세상의 유치한 원리에서 죽었을진대 어찌하여 마치 세상에서 살아 있는 것같이 법령에 복종하느냐?

21 (손대지 말라, 맛보지 말라, 만지지 말라 하는 것이니

22 사용함에 따라서 부패할 모든 것이니라.) 이것은 사람의 계명들과 교리들에 따른 것이라.

23 이런 것들이 의지 숭배와 겸손과 금욕에는 지혜 있는 것처럼 보이나 육체를 만족시키는 데는 아무 소용이 없느니라.

『그러므로 음식으로나 마시는 것으로나... 아무도 너희를 판단하지 못하게 하라. 이런 것들은 다가올 것들의 그림자이나...』(16,17절). 보수주의 학교의 "공인된 학자들"은 단 한 명도 방금 여러분이 읽은 것을 믿지 않는다. 테네시템플, 밥존스, 달라스, 트리니티, 콜롬비아, 필라델피아, 무디, 풀러, 비올라, 노스웨스턴, 휘튼 신학교의 모든 교수진들에게 그 구절들에 대한 설명을 요구한다면, 그들은 단 한 명도 예외 없이 보수주의자들이 혐오한다고 하는 NEB(1961)와 똑같이 설명할 것이다. 알다시피 불신은 놀랄 만큼 진행되며(갈 5:9 주석), 이것이 한 번 시작되면 항상 그 논리적 결말에 이르게 된다. 보수주의자들과 근본주의자들이 그들의 "정통성"과 "믿음"과 "믿음의 근거"를 오랫동안 크게 외치더라도, 20,21세기의 보편적 언어인 권위 있는 종교개혁 성경을 거부하는 곳에서는 늘 그들이 반대한다고 하는 딘 웨이글, C.H. 도드, 그 밖의 성경을 거부하는 국제 사회주의자들과 어깨를 함께하는 모습이 발견된다.

NEB(<버클리역본>, <리빙 레터즈>, <확대역본>, 제미에슨, 포셋, 브라운과 함께)는 본문의 안식일, 거룩한 날, 새 달은 그리스도 안에서 성취된 구약의 그림자를 의미한다고 말한다. 비록 케네스 웨스트, 더멜로우, RV, ASV, RSV, 벌링거, <강단주석>은 본문의 올바른 시제인 "다가올 것들의 그림자이나"(which ARE a shadow of things to come)를 버리지 않았지만, 오리겐부터 티엠까지 모든 주석가, 학자, 개정자, 번역자, 교사, 목사들은 그 구절을 "다가올 것들의 그림자였다"(which WERE)라고 가르친다.

그러나 이것은 모든 필사본들, 모든 원어사전(Lexicons)에서 일치하는 것이고 본문을 구성하는 단 하나의 철자도 논쟁의 여지가 없지만, 주석가, 개정자, 번역자, 학자, 교사, 목사들 중 아무도 그가 자유주의자건 근본주의자건 본문을 믿지 않으며 설명할 수도 없다(6번 현상).

여러분이 본문의 진리를 확인하고 싶다면 당장 <킹제임스성경>의 에스겔 40-48장을 보라. 그리스도인은 이러한 교훈을 결코 가볍게 여기지 않는다. 이러한 것들은 마음으로 받아들이고 지켜야 한다(시 119:99). 성령님께서는 반복해서 여러 번 보수주의 학자들이 <킹제임스성경>을 비웃고, 변개시키며, 무시하고, 경시할 때는 그들이 무능하고 수치스러운 파산 상태가 될 수밖에 없음을 성경대로 믿는 그리스도인에게 보여 주고 계신다.

이 현상이 너무나 보편적이고 반복적이기 때문에 어떤 헌신된 그리스도인도 이 심각성을 무시할 수 없다. 다른 여러 곳에서처럼(창세기, 출애굽기, 잠언), 여기에서도 문제는 교육의 정도, 지성, 타고난 능력, 습득된 지식, 언어, 어원학, 필사본 증거의 지식, 번역 능력, 정통임을 고백하는 것, 상식 등에 달려 있는 것이 아니며, 심지어 이 단어들("are"와 "were")은 초등학교 4학년 이전에 배우는 한 음절 단어이기 때문에 독해 능력의 문제도 아니다.

『**이런 것들은...**』(which ARE, 17절). 현재 쓰여진(A.D. 62-64, 서문 참조) 본문의 거룩한 날과 새 달, 안식일은 다가올 것들의 그림자이다. 이 세상의 어떤 헬라어 필사본도 "그림자였다"(were)라고 하지 않는다. 그러나 이 구절을 다른 사람에게 설명하는 유럽이나 미국의 그 어떤 헬라어 선생도 "are"(현재 시제)를 "were"(과거 시제)로 대체하지 않는 사람이 없다. 이것은 도덕적인 문제이다. 성경 거부자들이 자신들의 견해가 성경의 의견들보다 뛰어나다고 주장할 때는 헬라어 동사의 시제도 그들에게는 아무런 의미가 없는 것이다(현상 6번).

네슬, 알포드, 웨이스, 웨스트코트, 홀트, 스테파누스, 엘지버, 알란드, 사우터, 티쉔돌프, 밀, 왈톤, 펠, 그리스바흐, 라흐만, 트레겔레스의 헬라어 본문은 "*estin*"(헬라어)이라고 되어 있는데, 그것은 신입생도 아는 현재 간접 능동 동사이다. [나는 22년 동안 사역하면서 골로새서 2:17의 헬라어 본문을 그대로 받아들이는 사람을 만나보지 못했다. "헬라어가 더 정확하다," 또는 <킹제임스성경>은 "헬라어를 정확히 번역하는 데" 실패했다고 하는 그들의 알리바이는 미혹당한 위선자의 거짓말임이 분명히 밝혀졌다. 하나님의 말씀을 공부하는 지식 있는 학생이라면 이러한 거짓말을 조심해야 한다.]

여러분은 다음과 같은 경고에 주의해야 한다.

1. 아무도 여러분을 노략질하지 못하도록(8절).
2. 아무도 여러분을 속여 빼앗지 못하도록(18절).
3. 아무도 여러분을 판단하지 못하도록(16절).

여러분에게 NASV(1960)가 성경이라고 생각하게 하는 사람들은 여러분에게 이 세 가지 모두를 행했다. 다시 우리는 모든 헬라어 사전과 문법 학자들을 주석서들과 강해집과 성경해석 학자와 함께 쓰레기통에 버리고, "지식 있는 학자들"이 곤란을 겪었던 헬라어의 분명한 의미를 위해 살아 계신 하나님의 절대무오한 말씀으로 돌아가자.

1. "다가올 것들"은 새 달을 포함한다(겔 40-48장).
2. "다가올 것들"은 안식일을 포함한다(사 66장).
3. "다가올 것들"은 거룩한 날을 포함한다(사 66장).
4. "다가올 것들"은 마시는 것을 포함한다(겔 40-48장).

그러므로 게벨라인에서 웨스트까지, 티엠에서 엘리스까지, 메이첸에서 와필드까지, 로버트슨에서 데이비스까지, 엡에서 잉글리쉬까지 모든 현대의 죽은 정통주의 보수주의자들에게 『**너희가 성경도... 모르므로 오해하고 있도다.**』(마 22:29)라고 강조하여 말해야 한다.

하나님께서 "헬라어 문법" 박사 학위를 15년간이나 갖고 있는 자를 바보로 만들고자 원하실 때(눅 10:21), 하나님께서는 현재 간접 능동 헬라어 단어에서 나온 1음절의 영어 단어를 사용하셔서 그렇게 하신다. 골로새서는 실로 20,21세기의 라오디케아 교회를 향한 폭탄이다.

『**몸은 그리스도의 것이니라**』(17절). 이것은 분명히 몸이 떠난 후의 세대에 속한 의식들을 가리킨다(계 1-3장 주석 참조). "몸"(body)을 "본체"(substance), "실체"(reality), "고형체"(solid fact), "고형의 실체"(solid reality)라고 변개시키는 것은 아무런 의미도 없다. 헬라어 "소마"(soma)는 신약에서 125번이 넘게 "몸"으로 사용되는 단어이다. 알다시피 "새로운 번역본"들은 전혀 정확하거나 믿을 만하지 못하며, 단지 성경의 권위를 밀어내고 성경을 거부하는 지식인의 사사로운 견해로 단어들을 대체했다. 로마카톨릭은 진리를 가리기 위해 모든 헬라어 필사본에 복수로 되어 있는 "안식일들"을 단수인 "안식일"로 바꾸어 버렸다. 그들을 따라 케네스 웨스트, ASV, RV, RSV, NASV, NEB, <강단주석>, <현대인을 위한 기쁜 소식>, <버클리역본>, <신세계역>(여호와의 증인의 성경)도 모두 단수 "안식일"로 바꿔 버렸다. 제미에슨, 포셋, 브라운은 헬라어에는 "the"가 없기에 빼야 한다고 주장하지만 그들이 사용했던 헬라어 본문에도 "the"는 들어 있다(3번 현상). 모든 경우에 있어 <킹제임스성경>은 분명하다.

"손으로 쓴 법령"(14절)에 나열된 지켜야 할 의식들은 구원과 전혀 상관이 없다. 여러분이 금지된 어떤 것을 먹고 마셨다고 해서(롬 14:1–5) 아무도 여러분을 잃어버린 자라고 말할 수 없다. 더욱이 음식에 관한 규정이나 날들을 지킨다고 해서 그것이 구원받는 것을 돕는다거나, 구원받은 후에 구원을 유지하게 한다고 말할 수 없다(갈 5:1–4 주석 참조). 이 문제들은 바울이 골로새서를 기록하기 12년 전에 이미 사도행전 15장에서 결정이 된 것이며, 그것들은 "사도들과 장로들"(행 15:6), 성령님(행 15:28), 주 예수 그리스도를 위하여 "자기들의 생명을 바친" 자들(행 15:26)에 의해 입증되었다. 토요일을 지키는 것(제칠일안식일예수재림교)은 죄인이 예수 그리스도를 영접하기 전이든지 후이든지 구원과 전혀 상관이 없다. 사순절, 참회의 화요일, 재의 수요일, 성 금요일 등을 지키는 것은 구원과 하등 상관이 없다. 그가 예수 그리스도를 영접하기 전이든, 영접하는 동안이든, 영접하고 난 후에든 말이다(요 1:12).

여러분이 금요일에 물고기를 먹든, 일요일에 돼지고기를 먹든, 월요일에 굵게 간 옥수수를 먹든, 토요일에 기름진 음식을 먹든, 그것은 하나님 앞에서의 여러분의 영적 상태에 어떤 영향도 미치지 않는다. 에스겔 40–48장의 의식적인 준수는 "다가올 것들"이지, 본문의 "몸은 그리스도의 것이라"고 한 그 몸을 다루고 있는 교회 시대에 해당하는 것이 아니다. 구약의 안식일은(레 23:3,6,8,21,24 등)은 영원에 앞서 요한계시록 20,21장의 시대에 지켜야 할 것들로 언급되기는 하지만(사 66:23), 그것도 마찬가지로 이 시대의 구원과는 상관이 없다. 그리스도인들을 다시 이 의식 규정들로 되돌리려는 자들에 대해 성경은 다음과 같이 묘사한다.

1. 그들은 성경을 믿는다고 고백한다(요 5:39).
2. 그들은 "아버지"라 불리길 좋아한다(마 23:1–13).

3. 그들은 긴 옷을 입고 다니길 좋아한다(막 12:38).

4. 그들은 "근본들"을 믿는다(행 23:8).

5. 그들은 먹는 것과 마시는 것을 규정짓기를 좋아한다(딤전 4:1-7).

6. 그들은 독신주의(celibacy)를 믿는다(딤전 4:1-7).

7. 그들은 천사들을 숭배한다(골 2:18).

8. 그들은 영적 세계를 추측한다(골 2:18).

9. 그들은 의식적인 종교를 가진다(골 2:20,21).

10. 그들은 수도자의 금욕 생활을 연습한다(골 2:22,23).

11. 그들은 잃어버린 자들이다(골 2:19, 마 23:15).

독자들이 구절의 부정적인 면(주석가들의 주석과 개정자들의 변개)에 지루해하기 전에, 하나님과 성령님께서 <킹제임스성경>의 순수한 시냇물에 두신 금(시 119:127, 잠 16:16)을 캐내어 보자.

1. "자의적인 겸손"(18절)은 (이혼의 근거가 되는) "자의적 포기"와 비슷하다. 그것은 그리스도인이 자신의 독실함을 나타내기 위한 "자기 비하의 과정"으로 다른 사람들의 의식적인 규정과 법규에 스스로 복종하는 것을 의미한다. 이렇게 되면 그리스도인은 "타락하여"(딛 3:10,11), 본문에 기록된 대로 "자기 육신의 생각으로 헛되이 과장"한다.

2. "천사들을 숭배함"(18절)은 오늘날도 스페인, 이탈리아, 남미, 중미, 필리핀 등지에서 정규적으로 행해지기 때문에, 주석가들이 일부러 19세기 전으로 돌아가 그 당시의 페르시아 종교와 배교한 유대교에 적용할 아무런 이유도 없다. 악인들은 쫓는 자가 없어도 도망치기 때문에(잠 28:1), 성경의 권위를 약화시키려고 과거를 향해 돌이키려는 이러한 끊임없는 시도들은 단지 주석가들의 불충함과 불신만을

보여 줄 뿐이다. "천사들"은 "현현"이다(요한계시록 1,2장 주석 참조).

"너희의 신 렘판의 별"(행 7:43)은 여전히 이스라엘 민족의 민족적 상징이며, 이시스와 오시리스의 섹스 기호는 여전히 바티칸 교황의 공식적인 상징이다. 골로새서가 오직 1세기의 소아시아에 살았던 사람들을 겨냥해서 쓰였다고 어리석게 생각하지 말라. <킹제임스성경>이 고어적이라고 생각하는 사람은 어리석은 사람이다.

3. "법령에 복종"(20절)하는 것은 자기 비하적인 사람이 규정과 규칙에 복종함으로 구원받은 것을 유지하고자 하거나, 거룩하여지고자 하는 것을 암시한다. 본문의 법령들은 고린도전서 11:2의 법령이 아니며, 주의 만찬을 기념하는 것이나 침례의 모형과는 아무런 상관이 없다. 본문의 법령들은 다음과 같다.

a. "손대지 말라." 바리새인들은 빌라도의 관저 안쪽의 벽돌 하나도 손대지 못했으며, 만일 손대면 그들이 불결해진다고 생각했다. 이것은 로마카톨릭이 독립 침례교회의 내부에 손대지 못하는 것과 매우 유사하다. [언론이 교황 요한 24세 (1410년까지 살았던 교황 요한 23세가 아니라)가 마치 그것을 추천한 것처럼 오도했지만, 미국의 어떤 사제도 그의 회중들에게 개신교회로 가라고 말하지 않는다.]

b. "맛보지 말라." 유대인이라면 돼지고기를 먹지 말라. 카톨릭 신자면 금요일에 "고기"를 먹지 말라.

c. "만지지 말라." 성경을 만지지 말고, 찬송가를 만지지 말고, 복음전도지를 만지지 말라.

원래 "손으로 쓴 법령"은 레위기 5-27장에 있으며, 이것은 갈보리의 피를 짓밟고(히 10:26-30) 그리스도인을 다시 율법 아래로 돌려보내려는 율법주의자로서의 랍비와 사제를 분명히 표시해 준다. 사도행전 15장에서 그리스도인들에게는 "사람의 계명들과 교리들에 따른"(22절) 법령이 주어지지 않았고, 성령에 의한 권고와 추천이 주어졌을 뿐이다(행 15:6-28). "누구나 이것들을 지키지 않으면 그는 저주를 받으리라"는 것이나, "이것들을 행하지 않으면 당신은 구원받을 수 없다"라는 충고가 아님을 주의하라. 충고는 "이와 같은 것들로부터 너희가 스스로 조심하면 잘 되리라"(행 15:29)는 것이다. 이 차이점은 분명히 지켜져야 하는데, 골로새서 2:20,21을 모든 경우에 적용함으로 도덕률 무용론이라는 결과가 빚어지기 때문이다. 성경을 주의 깊게 읽는 사람은 바울이 로마서 12,14장에 "규례들"이라 할 수 있는 것들을 스스로 기록해 놓은 것을 보게 될 것이다. 그러나 이것들은 레위기의 법령이 아니며, 구원을 받기 위해서 또는 구원을 유지하기 위해서 주어진 것도 아니다(갈 5:1-5 주석).

4. 『**의지 숭배...에는 지혜있는 것처럼 보이나**』(23절). 수도승이나 금욕주의자는 "하나님의 사람"처럼 보이나, 그들은 단순히 육신에 대한 자신의 의지의 능력을 과시하며 성령에 의한 능력이 아니라, 의지의 능력으로 "성별"을 유지할 뿐이다(갈 5:22 주석 참조). 이것은 인간의 지혜를 자랑하며, 자신이 "성인"이나 "거룩한 자"라는 것을 나타내는 것이지만, 사실 그가 행한 모든 것은 스스로를 조절하는 자신의 능력을 높일 뿐이다. 이것이 바로 의지 숭배이다. 주석가들의 견해는(간단히 살펴보겠지만) 서로 범죄들을 가리는 경향들을 보여 줄 뿐이다.

5. 『**금욕... 육체를 만족시키는 데는 아무 소용이 없느니라**』(23절). 위대한 기둥 성자 시몬 스틸라이츠(Simon Styelites)와 위대한 금욕주의자 성 안토니가 이 구절을 잘 예시해 준다. 마틴 루터도 그를 변개된 제롬의 로마카톨릭 바티칸 사본으로부터 자유케 한 <표준 원문>의 로마서 1:17을 알기 전 몇 년간은 이 같은 고행을 했었다. 의지

숭배자는 의지에 의해 육체를 금욕하고, 고행하며, 쿠정하고, 상하게 하며, 조절할 때에 스스로 나아지고 있다고 상상하게 된다. 오순절 성결주의자들은 1965-1970년까지는 실제로 긴 머리카락과 립스틱을 바르지 않는 것이 굉장한 것을 증명한다고 믿었으나, 곧이어 머리를 길게 기르고, 립스틱을 바르지 않은 마약중독자, 뚜쟁이, 매춘부, 히피들이 등장했다. [이와 같이 <킹제임스성경>은 1970년대보다 오히려 "성결케" 되고자 노력하는 20,21세기 설교자들의 설교와 더 관련이 있다.]

사람이 맥주 마시기를 싫어하고, 담배에 손대길 싫어하며, 육체를 위하길 거부하면, 그는 즉시로 그가 "은혜 안에서 자라고 거룩해진다는" 인상을 가질 것이다. 그러나 잠언 14:12은 골로서서 2장 훨씬 이전에 기록되었다. 만일 여러분이 여전히 자기 의지로 행한다면, 아무리 여러분이 손대고, 맛보고, 만지는 것을 그만둔다 해도 전혀 은혜 안에서 자라지 못할 것이다. 사실 자기 의지(사 14:12-16)는 지상에서 첫 번째 일어난 죄의 행동을 포함하여 행해지는 모든 죄의 행동을 결정한다(창 3:1-4). 자기를 사랑하는 사람(딤후 3:2)은 어떤 죄도 범할 수 있다.

육신을 헛되이 과장하여 절제하는 것이 드러날 대마다 골로새서 3:5의 교훈을 실행하는 것처럼 보여도 그는 단지 자아를 나타낼 뿐이다. 밀라드 박스(Millard Box)가 "여러분은 스스로 여러분을 십자가에 못박을 수 없는데, 이는 여러분의 한 손은 다른 손을 못박기 위해 여전히 자유로워야 하기 때문입니다."라고 한 말은 진리를 잘 설명해 준다.

마하트마 간디는 금욕했으며, 육체를 만족시키는 데 시간을 허비하지 않았다. 그는 엘리자베스 테일러 정도는 영적 능력을 지녔었다.

그의 자서전에서 "영적 능력"이라 부르는 것은 정치적 영향력, 인간적인 지적 매력 등이었다. 간디와 슈바이처는 "진정한 위조품"의 완벽한 예이다. 인간적인 희생, 자기 부인, 겸손, 이상주의는 그들의 전기에서 매 페이지마다 나타나 있으나, 10가지 근본적인 요소가 빠져 있다. 이 세상도 역시 이 10가지 요소들을 간과하는데, 이것은 단지 그들이 이러한 사람들을 승인하고 그들을 "영적 거인들"로 받아들이려는 것을 의미할 뿐이다(고후 4:4).

1) 두 사람 다 성경에 있는 하나님의 계시를 믿지 않았다.

2) 두 사람 다 이 계시를 거부하면 지옥에 간다는 사실을 믿지 않았다.

3) 두 사람 다 하나님께서 사람이나 사람의 본성에 대해 말씀하신 것을 믿지 않았다.

4) 두 사람 다 하나님께서 말씀하신 대로 자신을 판단하지 않았다.

5) 두 사람 다 구원을 위해 하나님의 은혜를 신뢰하지 않았다.

6) 두 사람 다 "자기 의"를 버리지 않았다.

7) 두 사람 다 거듭나거나 중생하지 않았다.

8) 두 사람 다 영적으로 할례받지 않았다.

9) 두 사람 다 그리스도 안에 있거나 성령 안에 있지 않았다.

10) 두 사람 다 죄들을 위한 피의 속죄를 믿지 않았다.

[이것들을 제외하면 그들은 훌륭한 그리스도인들이다.]

바울의 금욕(고후 11:24-26)은 메이슨이나 조지아에서 수행하는 카톨릭의 트라피스트회 수도승들과는 전적으로 틀린 것이다. 바울은 "하늘의 여왕"(렘 44:25)을 숭배하는 태양 숭배자인 바알의 제사장들(왕상 18,19장)과도 전적으로 다르다. 다른 것은 결코 같지 않다.

6. "세상의 유치한 원리"(20절)는 골로새서 2:8에서 충분히 다룬 바

있다. 만일 그리스도인들이 이러한 것들에 죽었다면(골 3:3 주석 참조), 왜 그가 이 유치한 원리를 지도하고 안내하는 자들의 명령에 주의를 기울여야 하는가? 미사 때에는 여전히 술을 마시면서 초콜릿을 먹지 않는 것이 무슨 유익을 가져다 주는가? 여전히 돈을 의해 빙고 게임을 하면서 사순절에 담배를 끊는 목적은 무엇인가? 우리가 골로새서 2:8에 열거한 유치한 원리들에 의해 여전히 그의 생애가 인도된다고 여러분에게 가르칠 때, 여러분이 주일에 손수건을 꽂고 가는 것이 무슨 목적이 있는가?(골 2:19, 엡 4:15,16 주석 참고) 성도들은 "세상에서" 살지 않고 그리스도 안에서 사는 것이다(20절). 성도들은 오직 지리적으로만 "세상 안에" 있고 "육신 안에" 있다. 이것은 이미 웨스트, 더멜로우, 립시우스, 제미에슨, 포셋, 브라운, 엘리스, 레인지, 클라크, 벌링거, 필립스, 웨이마우스, 모펫, 굳스피드, 버클리, 몽고메리, 알포드, 워즈워드, 엘리콧, 라잇풋, 루켄, 피크, 메이어, 빈센트, 리들, 슈네더만, 홉트와 그외 성경을 거부하는 "보수주의자들"의 영지주의적인 오류를 바로잡을 때, 무수히 지적한 바 있다(갈 2:20; 4:29; 5:25 주석 등).

16-23절의 단락은 그리스도인이 육신에 대한 주도권을 가지기 위한 다툼에서 피해야 할 것들에 대한 충고와 권면을 말하는 부정적인 경고들이다. 다음 장에서 우리는 문제를 위한 해결책이 의지를 과시함으로써가 아니라, 성령을 통하여 취하는 적극적인 행동에 있음을 보여 준다. 이 해결책을 공부하기 전에 현대의 편집자들이 진리의 말씀을 거부하는 다양한 방법들을 아주 간단히 살펴볼 것이다.

1881-1884년에 필립샤프, 엘리콧, 라잇풋, 웨스트코트, 홀트에 의해 시행된 <킹제임스성경>의 비평은 23절을 변개시켰다. 이들은 23절의 "육체를 만족시키는 데는 아무 소용이 없느니라"를 "육체의 방종을 반대하는 것은 아무 유익이 없느니라"(against the indulgence of the flesh)로 바꾸었다. 한편 RSV는 "육체의 방종을 저지하는 것은 아무 유익이 없느니라"(checking the indulgence of the flesh)로, NEB는 "육욕과 다투는 것은 아무 유익이 없느니라"(combatting sensuality)로 변개시켰다. 이 모든 시도들은 이 구절들에서 그들 자신의 "법령"을 건져내기 위한 그들의 교만한 노력이며, 또한 그들 중 아무도 의지가 방종을 방해할 수 있다거나(ASV, NASV, RV), 육욕과 싸울 수 있다(NEB)는 것을 믿지 않는다. 이 변개된 성경들의 번역자들이 이것을 믿는다면, 문제가 "육체의 방종"과 "육욕"에만 제한된다고 생각할 것이다. [버클리는 "저속한 성품"으로, <현대인을 위한 기쁜 소식>은 "육체적 정욕의 조절"로 번역하였다.] 그러나 그것이 문제가 아니다. 문제는 사람이 교만한 마음으로 자신의 의지를 숭배하는 것이다. 엘리스(<위클리프 주석>)와 <필립스역본>과 제미에슨, 포셋, 브라운(주석 p.1324)은 다행히 문제가 육욕, 육체적 방종, 육체적 정욕이나 ASV, RV, NASV 위원회에 의해 사용되는 핑계들에 있다는 생각에는 속지 않았다. 의지의 능력은 육체적 방종, 육체적 정욕, 육욕과 성공적으로 싸울 수 있으며, 그것은 5억 번도 넘게 입증되었다. 그러므로 NASV, ASV와 다른 변개된 성경들의 본문은 근거도 없고, 존재하지도 않는 것이다. 그러나 여전히 홉트와 홀트는 본문이 "변개되었다"라고 말함으로, ASV 위원회가 변개시킬 알리바이를 제공한다(더멜로우의 주석 p.984를 보라). 홉트와 홀트가 둘 다 의지 숭배자들이고, 그들의 죄들(렘 23,36장)이 드러난데 대해 매우 분개하고 있기 때문에, 하나님의 말씀(<킹제임스성경>)은 그들을 칼로 베어 버리신다.

<신세계역본>(여호와의 증인의 성경) 역시 칠십인역과 필로에게서 수용한(<강단주석> 20권 pp.96.97) 홉트와 홀트의 이상한 해석을 받아들였다. 우리는 다시 그리스도인의 생활 가운데 영적인 전쟁이

나 영적인 위험들을 전혀 이해하지 못하는 죽은 정통주의 배교자들을 다루고 있음을 확신한다.

이러한 위험은 제미에슨, 포셋, 브라운에 의해서도 잘 설명되었고, 심지어 의역본인 <리빙 레터즈>도 이 부분만큼은 잘 설명하고 있다. 요점은 스스로 부과한 금욕생활이 정욕을 조절하고, 저속한 마음과 싸우고, 방종을 방해할진 몰라도, 여전히 과장하는 마음의 문제는(18절) 해결하지 못한다는 점이다. 본문의 "육신의 생각"에는 비록 버클리의 번역이 "그리스도를 꽉 잡는"이란 말을 슬쩍 집어넣었다 하더라도 그리스도가 없으며(19절), 이는 그것이 "하나님과 원수가"(롬 8:7)되며, 하나님의 법에 복종하지 않기 때문이며(롬 8:7), 그 발명품들은 단지 신생(하나님에게서 났다는)(요 1:13)을 모방할 따름이기 때문이다.

과장된 육신의 생각을 위한 "구제책"은 위에 있는 것에 마음을 둔(골 3:1-3) 새로워진 마음이다(롬 12:1-3). 본질적으로 죽음이나 휴거를 없애는 육신을 위한 영원한 "구제책"은 없으며, 케네스 웨스트의 역본(<확장역본>, p.473)은 홉트, 홀트, 라잇풋 등이 "건전한 교리"인 양 하는 것보다 더 대단하다.

바울의 마음(롬 7:25)은 "그리스도의 마음"(빌 2:5)과 같고, 그리스도인을 로마카톨릭의 교리와 기반으로 끌어내리려는 골로새서 2:18의 속이는 자의 "육신의 생각"이 아니다. 육신의 생각이 육신적인 정욕을 억제할 수도 있지만, 이것은 단지 육신의 생각의 능력을 높일 뿐이다. 육신이 생산할 수 있는 유일한 것은 육신이기에, 예수님께서 "너희는 거듭나야만 한다"고 말한 것을 이상히 여기지 말아야 한다(요 3:6-8). ASV 번역자들은 골로새서 2:18의 "아무도"(no man)를 오해하여 구원받은 사람이 정욕을 정복하고자 해도 의지의 능력이 충분히 강하지 않기 때문에 할 수 없다고 했다. 이것은 여러분이 본문에서 얻을 수 있는 진리와는 거리가 멀다. 속이는 자는 의지의 능력으로 자신의 정욕을 정복한 구원받지 못한 사람이며, 참된 경배(요 4:24)를 인간의 의지를 숭배하는 것(골 2:23)으로 바꾸는 그리스도인을 얻고자 노력한다.

우리가 8절의 대학살로부터 떠나온 이후 계속해서 사면의 바다 풍경이 모두 이와 같기에, "그 꿈은 분명하고 그 해석은 확실하나이다"(단 2:45)라고 말할 수 있다.

철학과 전통, 이 세상의 유치한 원리는 사람의 의지의 결과물이다. 그것들이 세속화되었을 때, 우리는 우리 자신이 플라토, 아리스토텔레스, 헤겔, 스피노자, 웨스트코트, 홀트, 쉐프, 라잇풋, 칸트, 호레이스 만, 듀웨이, 아인슈타인, 러셀, 다윈, 젠타일, 헤켈, 헉슬리, 프로이드, 니체를 다룬다는 것을 발견한다.

철학과 전통, 유치한 원리를 영적으로 했을 때, 우리는 우리 자신이 아벨라드, 아퀴나스, 안셀롬, 풀톤 쉰, 카디날 뉴만, 파티마, 성 안토니, 은둔자 피터, 아시시의 프란시스, 조안, 딘 웨이글, 오리겐, 어거스틴, 칼빈, 오랄 로버츠를 다루는 것을 발견한다.

사람의 의지(창 3:3-5)는 하나님의 아들들로부터(창 6:1-6) 1970년의 달 착륙까지 타락의 온상이다. "육체적인 정욕"과 육신적인 방탕을 조절하는 것은 문제가 아니다. 문제는 하나님께 대해 적의를 품는(롬 8:7) 육신적인 "육신의 생각"(골 2:18)이며, 그것이 "육체의 정욕"과 "육체의 방탕"을 조절하고 줄이고 억제하고 좌절시키든 아니든 그것은 단지 "옛 사람"의 생각이다. 언제나 그렇듯이 <킹제임스성경>이 옳으며, NASV(1960)는 NCC의 쌍둥이 변개 역본인 RSV와 마찬가지로 변개되었다.

알다시피 골로새서 2장은 재림 직전의 마지막 세기에서의 교육 체계를 반대하는 강력한 일격이다. “기독교 교육”에 대한 비판의 강도는 세속 교육에 대한 비판만큼 강하며, 이것은 우리에게 모든 다른 번역본들이 본문을 변경하고 혼란시킨 분명한 이유를 설명해 준다. 성경을 거부하는 그리스도인 학자들은 골로새서 2장의 위대한 영적인 진리에 대해 톰 페인이나 밥 잉거솔처럼 분개할 수밖에 없다. 골로새서 2장은 동서양의 모든 교육의 기초를 위태롭게 하며, <킹제임스성경>은 교육과 문화로 뒤범벅이 된 현대의 기독교계를 엄중히 질책하고 있다.

일단 문화가 침투한 기독교계는 아무리 존경받고, 경건하고, 교육 여건이 성숙되었다 할지라도 동물원의 또 다른 새에 불과하다. [하나님의 교회는 마땅히 거듭난 그리스도인들인 양들로만 구성된 양우리라야 함에도, 현재의 기독교계는 거듭나지 못한 자들인 개와 돼지와 이리와 새들로 가득 차 있는 동물원이 되어 버렸다.] 심지어 유세비우스와 콘스탄틴 시대의 기독교계도 감히 20,21세기의 기독교계에는 필적하지 못한다. 이 새로운 새는 여성의 깃털을 가지고 있다. 그것은 “경건한 부인들”(행 13:50)과 거짓 여선지자 노아댜(느 6:14)의 행위가 이방 왕과 타협하는 역사가의 행위보다 더 악하기 때문이다. 성경대로 믿는 사람이 이러한 멋진(?) 그리스도인을 신약에서 찾고자 하는 것은 헛된 짓이다. 바나바(행 11:24)는 어느 누구보다도 멋지지만, 그도 바울을 저버리고 나서 타락한 선교사(행 15:39)와 교제를 한 것이다. 그래서 바나바 역시 베드로처럼 유대인들의 위선에 끌려가고 말았다(갈 2:13 주석 참조).

그러나 성경이 보여 주는 신약 기독교계는 오히려 의험스럽고(행 14:19), 평판이 좋지 않으며(행 28:22), 경멸당하고(행 13:50), 말 못 하는 사람들로 여겨지며(요 7:15, 행 4:13), 비난받는다(행 24:2-9). 그러므로 우리는 현대의 "근본주의"나 "보수주의"와 성경적 기독교 사이에는 엄청난 차이가 있다는 결론에 도달할 수 있다. 물론 그 차이가 성경적 기독교와 로마카톨릭(제칠일안식일예수재림교, 자유주의)만큼 커다란 차이는 아니지만, 그럼에도 불구하고 골로새서 2장은 이 차이가 어떻게, 어디서, 언제, 왜, 누구에 의해 생겨났는지를 우리에게 보여 주기 위해 기록되었다. 그것은 1세기부터 있어 왔고, 그 근원은 알렉산드리아 학자들(행 17:18)과 이교도 리버티노(행 6:9)이며, 그들의 생각에는 철학자들이 자리잡고 있었다. 그들 가운데 금욕주의자들은 영지주의나 초자연주의와 밀접한 연관이 있고, 그들 가운데 자연주의자들은 진화론이나 "상황 윤리"에 대한 신앙과 밀접한 관련이 있다. 두 계층 모두 현재 미국의 "전미교육협회"가 제시하는 것과 정확히 똑같이 생각과 의지를 숭배의 대상으로 만들었다. 현대의 기독교 교육과 이 세속적 우상 숭배 사이의 기본적 차이점은 현대의 기독교 교육은 성경에서 뽑아낸 열 몇 가지 사실을 믿는다고 고백하는 정도이다. 이것들 중 다섯 개는 로마카톨릭의 니케아 신경(A.D. 325)에서도 발견되며, 전천년주의자들은 이 카톨릭 신조에다 몇 가지를 더할 뿐이다. 그러나 이 두 그룹은 모두 그들의 시간을 대부분 1611년 종교개혁 성경을 공격하느라 허비한다. 이것은 현대의 모든 역본들을 살펴보더라도 분명히 나타난다.

골로새서 2장은 굉장하고 위협적인 경고에 대한 씻을 수 없는 인상을 가지고 마무리하게 될 것이다. 그래서 이 장을 공부한 자들은 "기독교 철학"이나 현대의 "기독교 교육"의 위험을 충분히 인식하였을 것이다. 굳이 성경적인 "기독교 철학"을 찾는다면 그것은 잠언에서 발견되지, 호위슨(1834-1910), 허슬(1859-1938), 로이스(1855-1966),

버그슨(1859-1941), 화이트헤드(1861-1947), 아이어, 사르트르, 하이데거, 버트란드 러셀(1872-1970)의 작품에서 발견되지 않는다. 마찬가지로 성경적 "기독교 교육"도 로마서에서부터 빌레몬서까지를 실행함으로 얻어질 수 있다. 만일 어떤 사람이 주님의 인도하심으로 학위(B.A., B.S., M.A., Ph.D. 등)를 따려고 한다면, 그는 전체 과정을 끝마칠 때까지 한 가지 중요한 생각을 놓쳐서는 안 된다. 그것은 바로 어떤 교수, 학자, 저자, 주석가, 목사, 성경 개정자, 과학자, 철학자, 교육가가 <킹제임스성경, 1611>을 바꾸고, 변개시키고, 무시하고, 훼손한다 할지라도 개의치 말고, 끝까지 하나님의 말씀만을 존중하는 자세를 잃지 않는 것이다.

이것은 앞으로도 끝까지 견지해야 할 자세인데, 그들의 이러한 변개 뒤에 있는 동기는 바로 학자의 권위로 하나님의 말씀의 권위를 대체하려는 것이다. 이것이 1800년 이후에 <킹제임스성경>을 개정한 모든 현대 역본들 뒤에 숨어 있는 동기이기도 하다. 20,21세기의 성경대로 믿는 그리스도인들은 어떤 형태의 교육에 접근하든 모든 형태를 판단하기 위해 반드시 절대무오한 권위로서 하나님의 말씀을 가져야 한다. 여기에 기독교 교육도 예외가 될 수 없기에, 우리는 볼테르, 루소, 스펜서, 홉스, 흄, 피어스, 데카르트, 베이컨, 버클리, 라이프니쯔, 꼼트, 다윈의 글들을 접근할 때와 동일한 자세로 웨스트, 티엠, 라이스, 메이첸, 닐, 와필드, 파인, 로버트슨, 트렌취, 커스터, 데이비슨, 빈센트 및 기타 보수주의 주석가들의 저서에 접근해야만 한다.

골로새서 3장

3:1 그러므로 너희가 그리스도와 함께 살아났으면 위에 있는 것들
을 구하라. 거기에는 그리스도께서 하나님의 오른편에 앉아
계시느니라.
2 위에 있는 것들에 너희 마음을 두고 땅에 있는 것들에 마음을
두지 말라.
3 이는 너희가 죽었고 또 너희의 생명이 그리스도와 함께 하나
님 안에 감추어졌기 때문이라.
4 우리의 생명이신 그리스도께서 나타나실 때 그때 너희도 그와
함께 영광 가운데 나타날 것이라.
5 그러므로 땅 위에 있는 너희의 지체를 죽이라. 곧 음행과 부정
과 사욕과 악한 색욕과 탐심이니 탐심은 우상 숭배니라.
6 이런 것들 때문에 하나님의 진노가 불순종의 자녀들 위에 임
하느니라.
7 너희도 전에는 이런 것들 가운데 살면서 그들 가운데서 행하

였느니라.

8 **이제는 너희가 이 모든 것, 즉 분노와 성냄과 악의와 하나님을 모독하는 것과 너희 입에서 나오는 추잡한 말을 벗어 버리라.**

9 **서로 거짓말하지 말라. 너희가 그 행위와 함께 옛 사람을 벗어 버리고**

10 **그를 창조하신 분의 형상을 따라 지식 안에서 새롭게 된 새 사람을 입었으니**

11 **거기에는 헬라인이나 유대인이나, 할례자나 무할례자나, 야만인이나 스쿠디아인이나, 종이나 자유인이 없고 오직 그리스도만이 모든 것이요, 또 모든 것 안에 계시니라.**

우리는 이제 "육신을 내려 놓는" 문제에 대한 해답을 발견한다. 3장 전체는 실제적이며, "하나님께서 자라게 하심으로 자라나기"(골 2:19) 위해 그리스도인이 취해야 될 긍정적인 접근을 다루고 있다.

『**그러므로 너희가... 살아났으면 위에 있는 것들을 구하라...**』(1절). 『**위에 있는 것들에 너희 마음을 두고 땅에 있는 것들에 마음을 두지 말라**』(2절). 본문은 더 나아가 그리스도인의 일부가 살아났지만(롬 7:1-4), 또 다른 일부는 죽었음을(3절) 보여 준다. 그리스도와 함께 무덤에서 나온 새로운 사람은(엡 1:20; 2:6과 주석 참고) 이미 그리스도께서 하나님의 오른편에 앉아 계신 곳인 위에 있다(1절). 그러므로 그의 마음은 그곳에 있어야 하지 그의 죽은 시체가 묻힌 곳(롬 6:1-6)에 있어서는 안 된다.

본문은 20,21세기의 그리스도인들이 매우 슬퍼할 수밖에 없는 또하나의 시금석이다. 알다시피 마음(affection, 2절과 갈 5:24)은 머리를 다루는 것이 아니라 마음(heart)을 다루는 것이다. 반면에 골로새서

2:8이나 2:18은 ASV(1901)를 번역한 배교한 학자들과 같이 생각(mind)을 다루고 있다. 『**너희 보물이 있는 곳에 너희 마음도 있느니라**』(마 6:21). 주님께서는 우선적으로 마음에 관심이 있으시며(잠 4:23), 성경에서 마음이 생각과 함께 나열될 때는, 진리를 왜곡시킨 변개된 현대 번역본들을 제외하고 항상 마음이 생각보다 먼저 나온다(잠 23:26 주석 참고).

"그리스도께서 하나님의 오른편에 앉아 계신" 곳에 얼마나 많은 것들이 있는지 아는가? 만약 한 가지도 댈 수 없다면 어떻게 "위에 있는 것에 마음을" 두라는 권고에 순종할 수 있겠는가? 또 다른 문제가 있다. 뉴스코필드 관주 성경은 "위"가 어느 방향인지 말해 줄 수 없다(p.1261의 각주를 보라.).

변개된 RSV(1946)는 예수 그리스도께서 땅에 계셨을 때(요 3:13), 그분을 하늘에서 끌어내린 적이 있다. 또한 에베소서 2:6을 통해 많은 보수주의자들이 "천상"(heavenly places)을 모르고 있음을 알 수 있었다. 무디성경 신학원의 케네스 웨스트는 요한복음 3:13에 대해 로마카톨릭 성경인 <예루살렘 성경>에 동의했기 때문에, 진리를 찾는 일은 불가능해졌다. 앞에서 보수주의자들과 자유주의자들, 로마카톨릭이 범한 오류들을 바로잡기 위해서는 우리는 하나님의 말씀으로 돌아갈 필요가 있다.

1. 새 예루살렘은 "위"에 있다(갈 4:26).
2. 하나님의 보좌도 "위"에 있다(계 4:1-4).
3. 먼저 간 성도들도 "위"에 있다(살전 4:14).
4. 예수 그리스도 자신도 "위"에 있다(살전 4:16).
5. 그리스도의 심판석에서 받을 우리의 상급도 "위"에 있다(고후 5:3-10).

6. 우리가 사랑하는 많은 자들과 친척들도 "위"에 있다(살전 5:10).

7. 하나님의 영원한 말씀의 영원한 진리도 "위"에 있다(시 119:89).

8. "위"는 알파 드레코니스를 지난 정북 방향이며(시 48:2, 겔 1:4, 사 14:13), 이 방향은 위쪽(up, 고후 12:1-4, 계 4:1)이다.

"하나님께서 자기를 사랑하는 자들을 위하여 예비하신 것들"은 하나님의 영에 의해 우리에게 알려졌기에(고전 2:9-12), 이 일들에 대한 보수주의 주석가들의 가장된 불가지론과 위선적인 경건심은 냄새나고 역겨운 것들이다.

옛날 미국의 그리스도인들은 하늘에 마음을 둔 사람들이었고, 하늘은 그들에게 실제적인 곳이었다. 이것은 1800-1900년에 나온 복음 찬송가들을 보더라도 완벽하며, 탈마지, 샘 존스, 프랭크 노리스에 의해 전파된 설교를 보더라도 명백하다. 이 하늘에 대한 향수와 위에 있는 생활을 사랑하는 것은 현대의 "근본주의 운동"에서는 좀처럼 보기 드문 것들이며 가끔씩 자신들의 믿음과 상관없는 부흥사들, 복음전도자, 선교사, 목사들에 의해서 "위에 있는 것"들이 언급될 뿐이다. 그들은 감정을 자극하기 위해서 우리와 떨어진 사랑하는 이들, 승리의 입성, 영광스러운 새 예루살렘, 하나님의 동산의 즐거운 것들, 하늘 시민들의 행복, 영원히 사라지지 않을 땅에 대해 눈물을 자아내게 한다든가, 멜로드라마처럼 감각을 자극시킨다. 카톨릭교도들과 자유주의자들은 빌리 그래함의 드라마적 요소가 부족함에 대해 감사하곤 한다. 모든 구원받지 못한 자들은 할리우드, T.V., 잡지, 공연 등에 연관된 그들의 감정을 좋아하기에, 그들의 마음에 하나님께서 들어오시는 것을 원치 않는다. 밥 존스 시니어가 간략히 말했듯이 "마귀가 이 땅에 가져온 최고의 책략은 그가 강단에서 드라마를 끄집어내어 극장에 그것을 집어넣을 때이다". 그리스도인들의 새로운 부류(골

2:8과 2:18의 멋지고 존경받고 학식 있고 문화적인 무리들)는 그들이 성경을 가르칠 때나 심지어 예수 그리스도를 높일 때에도 그들의 마음을 땅에 간직한다. 그들은 확실히 죽거나 휴거될 필요도 없이 확실히 "하늘을 가져다 땅으로 낮추는 데" 성공하였다(*Between Heaven and Earth*, 1970).

그리스도인들은 다니엘과 같이 항상 그의 창을 (새) 예루살렘을 향해 열어 두어야 한다(갈 4:26). 그가 바라보는 것은 믿음의 창시자요 완성자(히 12:1-4)이신 그분을 올려다보는 것이다(눅 10:20). 아직 하늘이 그에게 실제적인 위치와 실제적인 백성들을 갖는(요 14:1-3) 실제적인 장소가 아닌 날들 동안은 그는 칼을 들어올려(엡 6:17) 적그리스도를 숭배하는 에큐메니컬 공회에 대적해야만 한다.

나는 플로리다, 펜사콜라에 사는 사람 중에서 잃어버린 골프 공을 찾는 것으로 인생을 허비하는 사람을 알고 있다. 그는 하루에 한 코스에서 무려 143개의 공을 찾아내기도 했으며, 10년 동안 약 31,800개의 골프 공들을 찾아냈다. 그는 일평생을 거의 밑을 바라보며 산 것이다.

나는 또 어떤 젊은이가 길에서 5달러를 주운 이후, 30년 동안을 5달러 지폐를 줍는 것으로 인생을 허비하였다는 실화도 알고 있다. 그는 그 30년 동안 눈부신 태양이나 아름다운 별빛, 봄에 피는 꽃봉우리, 가을의 단풍, 친구들의 미소, 사랑하는 이들의 확신들을 잃어버리고 말았다. 그는 단지 그 기간 동안 29,000개의 단추와 50,000개의 담배꽁초, 4,000개의 핀, 89달러의 동전, 120달러의 지폐, 35개의 빗, 20개의 빈 지갑, 12개의 연필, 8개의 펜, 600여 가지의 소품들을 발견했을 뿐이다.

『위에 있는 것들에 너희 마음을 두고 땅에 있는 것들에 마음을 두

지 말라』(2절). 모든 그리스도인들은 이 말의 참된 의미 그대로 "우주인"이며, 끊임없이 외계에서 온 자료들에 관심이 있다. 그의 생애는 케이프 캐너베럴이나 팔로마 관측소의 관측 범위 밖으로부터 바울(고후 12:1-4)과 요한(계 4:1,2)이 외계로부터 슈퍼맨과 같이 나타나 알려 준 것들에 대해 알고자 하며 배우고자 한다.

그리스도인의 참된 생명은 "천상에서" 그리스도와 함께 앉힌 곳(엡 2:1-6)인 하늘에 있다. 그가 여기서 살고 있는 생애는(갈 2:20) 오직 그리스도에 의한 것이고 그리스도를 통한 것이다(빌 2:13과 그 주석을 참고하라). [케네스 웨스트가 4절에서 정관사를 붙여 "The Christ"로 한 것은 전혀 의미가 없는데 이는 그가 바로 전 장인 골로새서 2:8에서 "철학"(The philosophy)에서 정관사를 번역하길 거부했기 때문이다].

윌리엄스의 극단적 세대주의적 경향은 본문에 대한 그의 주석에 잘 나타나는데 이는 그가 "땅에 있는 것"을 "규례와 의식과 ... 종교적인 전통들"로 제한하기 때문이다. 그러나 이것은 여전히 돈, 섹스, 능력, 인기, 스포츠, 재산, 가족, 교육 등 다른 땅에 있는 것들에 마음을 두려는 시도들이다.

오헤어, 스탬, 벌링거, 베이커와 같이 윌리엄스는 그의 주요 교리를 모든 구절들에 집어넣고 있다. 그는 베드로, 야고보, 요한, 바울이 물침례를 받았음에도 어떤 그리스도인도 물침례를 받아서는 안 된다는 입장 때문에 여기서 규례와 의식들을 언급한 것이다. 본문의 "땅에 있는 것"은 벌링거나 칼빈을 따르는 무리들이 주장하는 교리들보다 더 많은 것을 포함하고 있다. 사실은 바로 다음에 나오는 본문(5절)이 바로 육신이 즐겨 행하는 것과 육신이 즐겨 갖고자 하는 것이다.

위클리프 주석(엘리스 박사)은 우리에게 오리겐으로부터 시작된 성경을 거부하는 알렉산드리아 변개의 본질을 보여 준다. 이들 변개자들은 "위에 있는 것"과 "땅에 있는 것"을 "율법주의와 의식주의의 옛 시대"와 비교한 "전체 기독교의 새 시대"라고 사사로운 해석을 한다. 엘리스는 그의 독자들에게 조심스럽게 "우주의" 관계들은 바울이 본문에서 염두에 둔 것이 아니라고 경고한다. 즉 위클리프 주석에 의하면 외계와 우주의 거리는 논의의 대상이 아니라는 것이다. 그러나 이것은 본문과 에베소서 3:18 모두에서 다루고 있는 정확한 주제이며, 우주의 관계들은 정확히 바울이 말하고자 하는 바이며, 우주의 거리(우주의 대상에 대한 우주의 위치)는 본문들을 기록하게 하신 성령님의 정확한 의도였다.

그리스도께서 앉아 계신 곳(1절)은 외계에서의(고후 12:1-3, 히 12:1-3; 3:1,2, 행 2:33,34) 지리적 위치이며, 이 지구로부터 우주의 위도와 경도를 언급한 것이다. 엘리스 박사는 다른 배교한 학자들과 마찬가지로 우주나 우주와 관계되는 것들을 다루는 데 있어서 최종권위가 과학이라고 생각하도록 속인 것이다.

본문에 대해 더 많은 빛을 줄 수 있는 구절들은 빌립보서 1:23; 3:20과 에베소서 1:3; 2:6; 4:22과 마태복음 6:19,20과 요한복음 12:26과 고린도후서 5:14,15과 고린도전서 3:23이다.

『**우리의 생명이신 그리스도께서 나타나실 때 그때 너희도 그와 함께 영광 가운데 나타날 것이라**』(4절). 이제와는 달리 강단주석은 본문에 대해 아주 훌륭한 주석을 달아 놓았다. 제미에슨, 포셋, 브라운도 본문을 별 문제 없이 다루었고, 클라크와 레인지의 주석도 건전한 편이다. 주의 "나타나심"(헬라어 : "phaneroo")과 동일한 단어가 베드로전서 5:4, 요한일서 3:1-3; 2:28, 디도서 2:13, 디모데후서 1:10; 4:1,8,

디모데전서 6:14이다. 이것은 벌링거에게는 당혹스러운 것인데 이는 모든 벌링거주의자들이 "한 몸의 휴거"(몸의 신비 등)를 믿기 때문이다. 그러나 여기 쓰인 이 휴거라는 용어는 일반 서신에서 발견된다. 벌링거는 일반 서신의 구절들은 "한 몸인 교회"를 위한 것이 아니라고 가르쳤다(조지 래드는 이 혼란을 이용하여 그의 책 <복된 소망>에서 휴거와 재림이 동일하다는 것을 입증코자 이것을 사용하였다).

그러나 요한일서 3:1-3의 "나타나심"은 여기처럼 "우리가 그를 볼" 때이며, 이 나타나심은 고린도전서 15:1-10의 부활 후 나타나심과 같다. (동일한 헬라어 단어가 마가복음 16:12,14에서 사용되었음을 주목하라). 두 가지 나타나심이 있는데, 그리스도인에게만 나타나심이 있고, 세상에 나타나심이 있다(계 1:7, 슥 12:10). [우리는 항상 하나님의 말씀을 그대로 받아들여 조지 래드와 같이 하나님의 말씀의 권위를 파괴하려는 자들이 범한 오류들을 바로잡도록 해야 한다.]

우리는 모세와 엘리야처럼(마 17:3, 막 9:4) 그리스도와 함께 "영광 가운데"(4절) 나타날 것이다. 본문은 재림 때(슥 14장) "땅 위에서"가 아니라, 휴거 때 "영광 가운데"(벧후 1:17) 있는 것을 말한다. 헬라어의 의미가 불분명한 곳에서(마태복음 17:3과 마가복음 16:12의 "appear"란 단어가 헬라어로는 서로 다르게 바뀌었음을 주목하라) 때때로 1611년 KJV 영어가 더 분명한 의미를 제공한다(10번 현상).

『**그러므로 땅 위에 있는 너희의 지체를 죽이라...**』(5절). 이 본문을 가지고 알렉산드리아 이단과 로마카톨릭은 "금욕주의"와 "고행"을 주장한다. 오리겐은 심지어 본문과 마태복음 5:30을 들어 자신이 거세한 이유에 대한 증거 구절로 사용한다. 다른 사람들은 본문을 사용하여 채찍질, 자해(왕상 18,19장), 사회로부터의 격리(수도원, 기둥 성자 등), 온갖 지독한 형태의 새디즘과 매조키즘 등을 자행한다. 마틴 루터도 그리스도인이 되기 이전에 로마카톨릭에서 "그의 지체를 죽였는데", 다른 사람이나 자신을 학대함으로 하늘을 얻거나, 하나님을 기쁘게 하려는 수도사나 수도승이나 수행자들의 숫자는 실로 군단이었다(막 5:9).

오늘날까지 로마카톨릭은 "육신의 일들을 죽이고자 하는" 금욕주의자들에게 옷(자루 같은 옷), 장식이 달린 매나 회초리, 가시관, 사슬을 팔아 매년 수천 달러의 수입을 올린다.

그러나 사도 바울이 언급한 지체를 죽이는 것은 위에서 언급한 자기 학대나 금욕적인 형벌이 아니라 다음의 두 가지 사실을 포함한다.

1. 마음(affection)을 땅에 두지 말고 하늘에 있는 것들에 두어야 한다(변개된 성경인 ASV, RSV, NASV, RV 등은 생각(mind)으로 변개시켜 놓았다).

2. 옛 사람을 죽이는 것은 그의 요구들을 존중하지 않고 단순히 거절함으로 된다(롬 6:6-14). 이것은 규정들을 점검하고 계획함으로 되는 것이 아니라, 성령께 맡겨(갈 5:22과 주석 참조) 성령께서 육신을 다스리도록 함으로(갈 5:5-19) 행해진다(롬 8:13; 13:14, 엡 4:21,22을 보라)

5절의 대부분의 단어들은 특별한 설명이 필요 없다.

『**사욕**』은 망가진 사랑을 언급하는 말이다. 이는 비정상적인 애정으로(딤후 3:1-4), "자애"가 정욕이 되어 버린 것을 말한다. 이런 죄는 결혼한 부부들 사이에 흔히 있으며, 사랑이 육체의 교환으로 해석되는 성적으로 문란한 사회의 필연적인 산물이다. 이것은 하나도 과장된 말이 아니며, 사실 섹스란 말은 사전의 의미와 다르게 보편적으로 받아들여진다. 웹스터 사전에서 섹스는 “남성과 여성의 구분된 특징”이나 “이성들 간의 이끌림”으로 정의되어 있다.

그러나 데이비드 루벤의 쓰레기 같은 현대 사전을 보면 “간음, 음행, 출산조절, 동성애, 변태, 폐경기, 혼음 등에 대해 항상 알고자 원하는 것”이라고 되어 있다. 대학교 과정, 포르노잡지, TV 프로그램, 현대 소설, 일상 대화에서처럼 루벤의 책에 따르면 “섹스”는 남성이나 여성의 성기에 관계된 모든 행동을 의미한다. 이러한 인식은 최근 50년 동안 급속히 파급되어 그 결과 결혼의 개념은 “사욕”이 결혼생활의 일부가 될 때까지 계속 육신적 쾌락을 추구해야 하는 것이 되었다. 이런 유형의 일에 대한 불평이 90%의 여자들이 내세우는 이혼의 근거이다. 남자들을 비정상적이고 변태적인 행위로 이끄는 부패한 정욕이 동일하게 여자를 질투와 극단적인 탐심과 자기 숭배르 이끈다는 것을 생각지 못하는 것이다. 성령께서 얼마나 정확하게 “탐심은 우상 숭배니라”는 말을 “사욕과 악한 색욕”(5절)이 있는 바로 그 구절에 두셨는지 보라!

마지막 단어인 “악한 색욕”은 “사욕”을 탐욕스럽게 추구하는 수치스럽고, 더럽고, 해로운 욕망을 의미한다. 또한 웨스트가 비록 “탐욕”을 “허욕”(avarice)으로 변개시키고, NEB는 “자비한 욕망”(ruthless greed)으로 변개시켰으나, 성령께서는 <킹제임스성경>에 올바른 상대구절을 보존하고 계신다(출 20:17, 롬 7:8). 필립스는 “다른 사람의 물건에 대한 정욕”의 죄는 “우상 숭배와 같은 심각한 죄”라고 말하지만 이것은 물론 죄를 합리화하기 위한 시도일 뿐이다. 탐심은 영감으로 기록된 책에 의하면 우상 숭배와 비슷한 것이 아니라, 탐심이 곧 우상 숭배이다. [주의 깊은 독자들은 “탐욕”이 성경에서 관사 없이 쓰였음을 알 수 있는데 변개된 ASV나 NASV에는 어떤 필사본에도 찾을 수 없는 "너희"나 "그의"라는 수식어를 덧붙여 "너희의 탐욕," "그의 탐욕"으로 바꾸었다. 그들은 이전에 골로새서 2:8에는 이와 반대로 "철학" 앞에 있는 정관사를 고의로 삭제한 적이 있다. 그들의 목표는 정확한 필사본 증거를 따르는 것이 아니라 <킹제임스성경>과 일치하지 않는 것임을 알 수 있다(현상 4번).]

아무도 그가 실제로 "욕정과 정욕"을(갈 5:24과 주석 참조) 십자가에 적용하여(갈 6:14) 실제로 반대하지 않는 한 "탐욕"을 죽음에 넘길 수 없다. 이것이 바로 머레이(Andrew Murray), 팩슨(Ruth Paxson), 맥스웰(E.L. Maxwell), 워치만 니(Watchman Nee)의 글에 잘 나타나 있는 십자가의 삶이다.

육신을 다스리기 위한 그리스도인의 온갖 노력들에 대한 반격으로, 사탄은 마지막으로 역사상 가장 대단한 정욕적인 기계를 만들어 냈다. 그것은 바로 텔레비전이다. 이것은 가장 보편적이고 이 세상의 모든 사람들을 온종일 자극시킨다. 백인이나 흑인이나, 어른이나 아이나, 남자나 여자나 제한이 없다. 더 이상 자세히 다룰 시간이 없으므로 창세기 20:9,10의 주석을 참고하라. [상업 광고는 여러분들에게 필요 욕구를 일으켜 타락한 인간의 기본적인 욕구인 우상 숭배를 자극하는 것이다. 본문에 의하면 분명히 탐욕은 우상 숭배이다.]

우상 숭배에 대해서 아프리카 콩고의 식인종과 체이스 내셔널 뱅크의 중역과의 유일한 차이점은 한쪽은 돈을 가졌고 다른 쪽은 돈이 없다는 점이다.

그리스도인들도 이것들 가운데 "살았고"(7절), "그들 가운데서 행하였는데"(7절) 이는 그가 지리적으로만이 아니라(2:11,12 주석 참조) 영적으로도 "육신 안에" 있었기 때문이다. 그가 "불순종의 자녀"(6절, 엡 5:6 참조)이었을 때에 하나님의 진노가 그 위에 머물러 있었다(요

3:36). 그리스도인은 회심 이후에(고전 3-6장) 이 진노가 다시 그에게 떨어지지 않게 하기 위해서는 이전의 행실들을 없애야 한다(롬 8:1,13). 그러나 이 일들이 일단 범해지면(갈 5:18-20과 주석 참조), 그것들은 심판받아야 하고(고전 11:30,31), 고백되어야 하며(요일 1:9), 제거되어야 한다. 『**이제는 너희가 이 모든 것...을 벗어 버리라**』(8절).

본문(5-7절)에서 죽은 정통주의 배교자들에 의해 변개된 몇 가지는 다음과 같다.

1. NEB(1946)는 6절의 "진노"를 "하나님의 두려운 심판"으로 강도를 한 단계 낮추면서, 그 단어를 성경에서 완전히 제거시켜 버렸다.

2. RSV(1946)와 <신세계역>(여호와의 증인의 성경)은 둘 다 본문에서 "불순종의 자녀들"을 빼버렸다. 이것은 트레겔레스, 티쉔돌프, 알포드, 라잇풋, 웨스트코트, 홀트와 그 밖의 파괴적 비평가들(강단주석, Vol.20, p.149)의 충고를 따른 것이다. 케네스 웨스트도 이 파괴적 비평가들과 함께 따라 갔으나, 원문비평학에 현명한 학생들은 <킹제임스성경>의 독본이 모든 헬라어 필사본 계열에서 발견되는 것에 대해 흥미 있게 알고자 할 것이다. 오직 알렉산드리아의 오리겐의 필사본들과(P46, 바티칸사본) 아프리카의 콥트어 역본과 에디오피아 역본에만 그 단어들이 삭제되어 있다. 그러나 서방 계열, 시리아 계열, 헤시키안 계열, 카이사랴 계열의 필사본들은 모두 <킹제임스성경>과 동일하다.

3. 강단 주석의 저자인 핀들레이(G.G. Findlay)는 우리에게 5절의 죄악들이 골로새의 이방인들의 악습이라고 믿기 어려운 말을 한다. 과거의 역사를 살펴보기 전에 이 죄들을 단순히 이방인들 일부만의 악습으로 제한한 것은 놀랍지 않은가? 핀들레이가 지난 70년을 어디에서 살았는지 실로 궁금하다. 영국인가, 미국인가, 유럽인가? 그는

정말로 우리가 5절의 악들이 골로새의 이방인들의 악이라고 생각하길 바라는가? 왜 미국과 영국의 그리스도인들의 죄악은 아닌가?

이러한 진리를 단순히 역사적인 과거의 이방인의 죄악으로 만드는 것은 타락한 인간의 본성에서 나온 성경의 변개일 뿐이다. 사실 5절에 기록된 죄악들은 2세기부터 현재에 이르기까지 기독교 지도자들에 의해 자행된 것들이다. 하나님께서 금지하신 것을 행하지 않은 그리스도인이 어디에 있는가? 바울도 범죄하였다면(행 22:18,21), 당신은 무죄하겠는가?

『**이제는 너희가 이 모든 것...을 벗어 버리라**』(8절). 본문에 나오는 명령이 여러 번 언급되었음을 주목하라.

1. 이 모든 것을 벗어 버리라.
2. 옛 사람을 벗어 버리라.
3. 새 사람을 입으라(엡 4:24).
4. 그러므로 ...을 입으라.
5. 사랑을 입으라.
6. 하나님의 전신갑옷을 입으라(엡 6장).
7. 이전 행실에 관해서는 벗어 버리라(엡 4:22).

8절의 본문은 너무나 분명하여 별다른 설명이 필요 없다. "추잡한 말"은 "하나님을 모독하는 것" 아래로 생략된 것들을 포함한다. 더러운 농담들, 음담패설, 비방하는 것, 외설적인 말들이 모두 해당된다. "의심스러우면 더러운 것이다"라는 것은 그리스도인들의 규칙이며, "섹스는 깨끗한 것이다," "섹스는 하나님께서 주신 것이다," "성적인 관계는 의미롭다," "성적인 성숙"이라는 현대 교육과 문화 등에 의한 세뇌에는 아무런 신경도 쓰지 말아야 한다. 하나님께서 남성과 여성을 창조하셨고, 혼인 관계를 존중하셨지만(히 13:2-4), 현대의 성교육에서 그들이 섹스라고 말하는 것은 이와는 전혀 거리가 멀다.

8,9절에서 6가지 항목이 더러운 옷과 같이 벗어 버려야 할 것으로 언급되고 있다. 1. 분노 2. 성냄 3. 악의 4. 하나님을 모독하는 것 5. 추잡한 말 6. 거짓말(9절) [엡 4:14,15, 딤전 1:6 참고] 이것들은 모두 그리스도와 함께 십자가에 못박혔고, 죽었고, 무덤에 장사지냈고, 하나님으로부터 심판의 보응을 받았고 그 아래 있는 옛 사람(9절)의 행동들이다. 그리스도인들은 여전히 이 살아 있는 "죽은 사람" 안에 거하며, 몸의 구속 때까지는(롬 8:23; 7:24) 썩을 죽은 돔이 그의 "그릇"이다. 그러므로 이 시체는 그를 완전히 제거한다는 의미에서 실제적으로 벗을 수 없으나, 그리스도인의 혼은 이 시체와 분리되었으므로(골 2:9-12 참조), 그 시체의 요구를 듣기를 거부하고, 복종하길 거부하며(롬 6:11-16), 만족시키길 거부한다는 의미에서 벗어 버릴 수 있다.

NEB가 말한 "옛 성품을 버리고"(discarded the old nature)는 성도의 두 가지 성품이라는 성경의 기본적 진리를 직접적으로 부인하는 것이다. 어떤 성도도 그의 옛 성품을 버릴 수 없으며, 만일 그리스도인이 아무 죄도 없다고 생각한다면 그는 거짓말쟁이며 진리가 그 안에 있지 않는 것이다(요일 1:8-10). 옛 성품은 당신이 죽을 때까지 또는 휴거 때 저 우주로 여행하기 위해 떠날 때까지는 당신과 함께 할 것이다. 여호와의 증인의 성경처럼 "인격을 벗는다"(stripping off personality)는 말은 바울 서신과는 아무 상관이 없는 말이다. "인격"은 인간이 그의 환경과 사회의 접촉을 통해 가진 전체적인 영향이며, 이 영향은 사람이 하나님을 무시하고, 그리스도를 부인하고, 성경을 거절하는 지옥을 향한 죄인일 때 호의적이고 적극적일 수 있다. 폰티오 빌라도를 보라.

두 가지 용어 “벗어 버리다”(put off)와 “입다”(put on)가 쓰이고 있다. 또한 “옛 사람”이라는 용어까지 모두 누구나가 쉽게 이해할 수 있는 그러한 단어이기에 엉터리 주석을 보지 않고도 그 의미를 알 수 있다.

케네스 웨스트는 본문을 이상하게 해석한다. 무디성경신학원의 에메리투스(Emeritus)는 우리에게 (“Expanded Translation” p.473) 본문의 “옛 사람”은 구원받기 이전의 사람이며, “새 사람”은 구원받은 이후의 사람이라고 말한다. 그러나 이것은 사실이 아니다. 옛 사람은 옛 사람 아담이었으며(고전 15:22), 새 사람은 예수 그리스도 자신이다(고전 15:47). 이것은 성령께서 정확히 기록하신 성경을 통해 볼 때 너무나 분명하다. 『**그를 창조하신 분의 형상을 따라 지식 안에서 새롭게 된 새 사람을 입었으니**』(10절).

골로새서 1:15과 3:10에서 우리는 히브리서 1:2,3과 고린도후서 4:4의 구절과 비교함으로 이 문장의 진리를 온전히 알 수 있다. “옛 사람”은 하나님 자신에 의해 골로새서 2:9-12에서 벗겨졌고, “새 사람”은 성령으로 태어났기에(요 3:5-7) 죄가 없는데(요일 3:9), 이는 주님 자신과 합하는 자는 한 영이기 때문이다(고전 6:17). 케네스 웨스트가 실수한 이유는 그가 바로 다음 구절(11절)에 나오는 말씀을 주목하길 거부했기 때문이다. 『**거기에는 헬라인이나 유대인이나, 할례자나 무할례자나, 야만인이나 스쿠디아인이나, 종이나 자유인이 없고...**』 이 바로 다음 문장에서 『**오직 그리스도만이 모든 것이요, 또 모든 것 안에 계시니라.**』(엡 1:23 참고)고 말하고 있기에 “새 사람”은 예수 그리스도이시다. “새 성품”이나 “인격”이나 “구원받은 후의 당신”은 모두 9절과 10절에서 발견되는 것이 아니라 12-17절에 발견된다. 또한 11절의 본문이 고린도전서 12:13과 갈라디아 3:28과 일치한다는 사실을 보기 위해서는 박사학위가 없어도 충분하다. “새 사람”이 나오는 세

구절 모두에서 새 사람은 예수 그리스도 자신이다. [많은 보수주의 배교자들은 이미 고린도후서 5장의 "피조물"(creature)을 "창조"(creation, 즉 몸이나 교회)로 변개시켰기 때문에 본문에서 전혀 곤란을 느끼지 않는다. 윌리엄스는 전혀 주저함 없이 "새 사람"이 하늘에 있다고 말한다(주석, p.940).]

"새 사람"은 성도 안에 계신 예수 그리스도시며, 그분은 성도의 영을 한 몸 안으로 결합시키셨다. 『**거기에는 헬라인이나 유대인이나.. 없고**...』

피크(A.S. Peake, 강해 헬라어 p.539)는 그리스도가 10절에서 언급되었다면 11절의 "그리스도"라는 단어가 반복된 것이 이상해져 버린다는 이유로 모든 교리적 진리를 버린다. 그러나 사실은 이런 학자들의 말은 거의 무시해도 좋다. 왜냐하면 이러한 반복은 에베소서 1:17-23과 2:5-7에도 발견되는 것을 볼 수 있기 때문이다. 사실 그리스도의 인격이 주제가 되는 곳에서는 바울은 습관적으로 그가 생각하고 글을 쓰는 데 이러한 반복적인 방법을 사용한다. 엘리콧, 라잇풋, 알포드, 데이비슨, 홉트, 립시우스, 웨스트코트, 홀트, 모울톤, 메이어, 올샤우센 등의 그 두꺼운 저서들에서 왜 이 기본적인 사실도 알지 못하는지 부끄러울 따름이다.

성도 안의 새 사람은 날마다(고후 4:16) 새로워지고(10절), 피크의 "이전 상태로의 회복에 대한 언급은 없다"는 말은 멀리 던져 버려도 된다. "이전 상태로의 회복"은 본문의 전체 요점이고, 죄인 안의 아담이 그리스도로 대체되지 않았을 때만(고전 15:47) "이전 상태"로의 회복이 없다. 아담이 하나님의 아들인 것은(눅 3:38) 예수 그리스도 안의 모든 성도들과 정확히 같다(요 1:12,13). 로마서 5장은 이 근본적인 성경의 진리를 잘 묘사해 놓은 곳이며, 피크의 엉터리 주석은 멀리 치워 놓는 것이 상책이다.

구원받지 못한 사람들은 『**그를 창조하신 분의 형상을 따라... 새롭게...**』(10절)되지 않았으나, 그들은 "하나님의 모습"(약 3:9)대로 만들어졌다. 구원받지 못한 사람은 셋과 같이(창 5:1-3) 아담의 형상으로 세상에 들어왔으며, 그들의 죽은 영은 반드시 새 사람을 "창조하신 분의 형상을 따라 새롭게" 되어야 한다.

『**...오직 그리스도만이 모든 것이요, 또 모든 것 안에 계시니라**』(11절). 학자들의 방해에도 불구하고 성령께서 중복되이 적용하시고 그것을 <킹제임스성경>에서 보존한 것이다.

1. 『**그리스도만이 모든 것이요**』 그분은 성도들을 그의 몸 안으로 집어넣으시며, 이 몸은 새로운 창조이다(엡 1:23과 주석 참조).

2. 『**그리스도만이... 모든 것 안에 계시느니라.**』 그분은 각 성도 안에서 아담이 범죄할 때 잃어버린 형상을 회복시켜 주시는 재창조자이시다. 이 형상은 명백히 주 예수 그리스도 자신이며, 바울이 골로새서(1:27)에서 우리에게 말했던 바로 그것이다.

3:12 **그러므로 너희는** 하나님의 **택함을 받은 거룩하고 사랑받는 자로서 자비로운 마음과 친절과 마음의 겸손과 온유와 오래 참음으로 옷입으라.**

13 **만일 어떤 사람이 누구에게 불평이 있으면 서로 용납하고, 서로 용서하기를 마치** 그리스도께서 **너희를 용서하신 것같이 너희도 그리하라.**

14 **이 모든 것 위에 사랑을 더하라. 이것이 온전함의 띠니라.**

15 하나님의 **화평이 너희 마음을 다스리게 하라. 이를 위하여 너

희가 한 몸으로 부르심을 받았나니 또한 너희는 감사하는 자
가 되라.
16 **그리스도의 말씀이 모든 지혜로 너희 안에 풍성히 거하게 하**
되 시와 찬송과 영적인 노래로 서로 가르치고 권면하며 너희
마음속에서 은혜로 주께 노래하고
17 **또 말에 있어서나 행실에 있어서나 무엇을 하든지 모든 것을**
주 예수의 **이름으로 하고 그를 통하여** 하나님, 곧 아버지께 **감**
사를 드리라.

이제부터 성령께서는 "인격들"과 "성품들," "우리가 되어야 할 사람"에 대해 다루기 시작하신다. 옛 사람의 행동들은 8,9절에 기록되어 있고, 9절의 옛 사람과 동일시되었다. 또한 새 사람의 행동들은 12-17절에서 묘사되었으며, 10,11절에서 새 사람과 동일시되었다.

새 사람을 입고 난(새로운 탄생) 뒤에, 그리스도인은 반드시 새로운 행동들(새 성품)을 입어야 한다. [예언을 공부한 사람들은 본문으로 들어가기 전에 11절의 "스쿠디아인"을 관심 있게 보기 바란다. 스쿠디아인은 러시아인이다. 골로새서가 라오디케아 교회에 보내는 편지였음을 다시 상기하고 서문을 참조하라.]

『...하나님**의 택함을 받은**』(12절, 에베소서 1:5,11의 주석 참조). 『**...자비로운 마음**』(12절, 빌립보서 1:8과 그 주석 참조). 12절의 나머지는 별다른 설명이 필요 없고 성령님에 의해 에베소서 4:1,2과 빌립보서 2:1-4, 갈라디아서 5:22, 디도서 3:2에서 설명되어져 있다.

13절도 이해하기 쉽다(엡 4:32과 그 주석 참조).

『...**사랑을 더하라. 이것이 온전함의 띠니라**』(14절, 엡 4:2,3; 5:1, 빌 2:2, 갈 5:13-15,22).

15절도 별다른 설명이 필요 없다. 하나님의 화평은 성도들의 마음을 다스리고 지배하는 것이다(롬 5:1,10, 고후 5:18-21). "다스림"(rule)을 <강단주석>(p.153)에서는 "중재"(umpire)로, 여호와 증인의 성경인 신세계역에서는 "조절"(control)로, <현대인을 위한 기쁜 소식>에서는 "통치"(be judge)로, NEB에서는 "조정"(arbiter)으로 변개시켰는데 이런 것들은 아무런 의미도 없다.

윌리엄스(주석, p.940)나 강단주석에서 변개한 "중재"(umpire)라는 말은 사실 테니스 경기의 심판이나 노동 쟁의의 중재자를 연상케 할 뿐이다. 그러나 본문에는 "중재"(umpire)나 "조정"(arbiter)을 시작해야 할 어떤 논쟁도 발견되지 않는다. 본문의 권고는 우리 마음의 내적 생활에 대한 것임을 기억하라. 『하나님**의 화평이 너희 마음을 다스리게 하라**...』(15절). "하나님의 화평"은 마음에 있는 어떤 논쟁을 중재할 필요 없이 형제들과의 불화를 피하도록(12,13절) 마음을 다스려야만 한다.

"중재"(umpire)에 해당하는 이 헬라어는 웨스트와 트렌치가 종교개혁 원문을 파괴하기 위한 목적으로 제시한 것들 중 대표적인 것이다. 그 과정은 다음과 같은 것들로 이루어진다.

1. 성경을 바로잡을 수 있는 고고학적 연구를 하거나, 최소한 성령님과 관계없는 자료들로 그것을 확인한다.

2. 그 당시에 헬라어가 어떻게 사용되었는지 고대 자료를 공부한다. 이것이 성령에 의해 사용된 헬라어의 올바른 의미라고 결정적으로 간주된다.

3. 그러면 학자들은 그들이 할 수 있는 최대한의 변화를 가하여 가

능한한 <킹제임스성경>에서 변개시킨다.

4. 마지막으로 속기 쉬운 학생들이 이 과정을 "주님의 일"이나 "하나님의 부르심," "성령의 인도하심" 등으로 믿어 버린다. 그러나 이것은 축복을 훔치기 위한 고의적인 짓이다(창 27:23, 야곱을 보라).

당신이 정말 이런 쓰레기가 되고자 한다면 이대로 따라 하라.

유명한 헬라어 학자들이 알렉산드리아의 바티칸 사본에서 사용한 97,921개의 헬라어 단어들 중 성령께서는 단지 7%도 안 되는 5,857개만을 사용하셨다! 분명히 성령님께서는 1884, 1901, 1946, 1960, 1961, 1970년의 개정위원들의 헬라어 학위에 대해 다르게 평가하실 것이다.

그리스도인들은 "화평으로" 부름받았기에(고전 7:15), 우리의 본문에는 『하나님**의 화평이... 너희가 한 몸으로 부르심을 받았나니**』(15절)라고 되어 있다. 그 결과로 생기는 감사함은 빌립보서 4:6에서도 발견된다.

『그리스도**의 말씀이 모든 지혜로 너희 안에 풍성히 거하게 하되**...』(16절). "감각들을 단련하여"(히 5:14) 경험이 풍부한 성숙한 그리스도인은 본문에 "말씀"이라는 표현이 나오자마자 무엇을 기대해야 하는지를 정확히 안다. <킹제임스성경>의 비평가들은 "원본의 모든 단어의 영감"을 큰 소리로 고백하면서도 기회가 닿는 한 성경과 하나님의 말씀들에 공격을 가하는 그들의 습관을 결코 버리지 못한다. 원본만의 영감을 믿는다고 고백하는 자들은 "하나님께서 나에게 완벽한 부인을 주셨으나 나는 결코 그녀를 보지 못하였고 아무도 그녀를 본 적이 없다"라고 말하는 자와 같다.

『그리스도**의 말씀이**...』(16절) 피크 박사(헬라어 주석성경, p.541)에 의하면 성령은 "그리스도의 복음"을 의미한다. 라잇풋과 더멜로우에 의하면 그것이 아니라 성령은 실제로 "그리스도의 임재"를 의미한다. 아니, 제미에슨, 포셋, 브라운에 의하면 "복음의 말씀"이다. 또 강단 주석은 "기독교 교리"라고 말하고, NEB와 <현대인을 위한 기쁜 소식>은 "그리스도의 메시지"라고 주장한다. <필립스>는 다 틀렸고 "그리스도의 가르침"이라고 하며, <확대역본>은 "그리스도에 의해 말씀된 말들"이라고 하며, 위클리프 주석의 엘리스는 "그의 가르침"으로 각각 주장한다.

오, 얼마나 놀라운 일치인가!(엡 4:1-5) 얼마나 대단한 에큐메니컬 운동인가!(요 17:21) 이들이 한 곳에 모였다고 생각해 보라. 그들이 하나가 되는 유일한 때는 그들이 증오하는 하나님의 말씀을 대적할 때 뿐임을 안다면 그들이 연합, 일치를 부르짖는 것이 얼마나 웃기는 짓임을 알 수 있을 것이다.

"그리스도의 말씀"은 말 그대로 그리스도의 말씀이다. "-의"(of)라는 말은 고대의 이해하기 어려운 전치사가 아니라 "주를 두려워함"(the fear of the Lord)이나 "하나님의 진리," "하나님의 창조" 등에 나오는 이해하기 쉬운 단어이다. 그것은 목적격과 소유격 두 가지 용법으로 사용된다는 것에 유의하라.

1. 그리스도에 대한(about) 말씀이 너희 안에 풍성히 거하게 하여 고린도전서 15:1-4과 로마서, 갈라디아서의 내용을 잊지 말아야 한다. 대부분의 학자들은 로마서와 갈라디아서가 이미 기록되었고, 베드로후서도 기록되었음을 (성경의 권위를 제거하기 위해) 잊은 것 같다. 베드로후서 3:15,16에서 베드로는 바울의 글들이 성경임을 말하였다.

2. 이것은 "그리스도의 말씀"이 예수 그리스도께서 바울에게 주신 말씀일 수 있음을 의미한다. "예수 그리스도의 계시"(계 1:1, The

Revelation Of Jesus Christ))가 요한계시록(Revelation Of John)임을 기억하라.

만일 "of"가 이 두 가지 용법으로 다 쓰일 수 있다면 학자들은 자연히 첫 번째 것을 받아들이고 두 번째 것은 거절하는데, 이는 두 번째 해석대로라면 그리스도인은 성경을 암송해야 하고 그가 주께 범죄하지 않도록 그의 마음에 간직해야 하기(시 119:11) 때문이다.

이제 권위 있는 성경을 멸시하는 보수주의 학교의 교수진들은 그들의 불신앙에 상반되는 한 가지 뚜렷한 특징을 지니기에 성경을 사랑하는 모든 자들은 쉽게 그들을 알아볼 수 있다.

알다시피 1884년부터 시중에 판매되는 현대 성경들은 권위역본의 절 체계를 바꾸고 없앰으로 성경을 암송하기 어렵게 만들었다.

다음을 주목하라.

1. 케네스 웨스트는 심지어 본문의 프린터 된 숫자도 거부하였다. 이것으로 케네스는 독자들이 눈치채지 못하게 전체 구절을 삭제할 수 있게 된 것이다.

2. ASV, RV, RSV는 본문에 숫자를 조그맣게 넣어 여러 구절들이 한 절인 것처럼 손상시켰다.

3. 필립스는 절 표시 없이 인쇄하여 가끔씩 난외에 나온 숫자들이 전체를 가리킬 뿐이다.

4. NEB는 전체 구절 표시를 제거하여 그 장의 전체 구절을 알 수 없게 되어 단지 내용만 외울 수 있을 뿐이다.

5. <현대인을 위한 기쁜 소식>은 ASV의 계획을 따라 조그만 숫자로 집어넣어 가끔씩 반 구절을 삭제해 버린다(마 6:13).

6. 여호와의 증인 성경도(러더포드 판사와 럿셀파) 동일한 짓을 하지만, 그들은 오히려 숫자를 굵은 체로 인쇄한다. 그러나 이것은 위

선적인 행동일 뿐인데, 이는 그들은 가끔씩 어떤 숫자들은 표시하지 않고 단지 사선만 그을 뿐이기 때문이다(행 8:37).

7. 그러나 가장 심한 경우는 카멜레온 구절로 알려진 <확대역본 신약>이다. 이 조잡한 책에는 보통 <킹제임스성경>을 괄호에 넣고, 로마카톨릭과 자유주의 본문들을 같은 구절에 집어넣는다. 그러나 이 짜깁기 식의 변조된 저작의 가장 두드러진 면은 바로 아무리 영리한 사람이라도 결코 암송할 수 없게 써 놓았다는 점이다. 맞는지 틀리는지 요한복음 3:16을 <확대역본>으로 시험해 보라.

그들이 이렇게 절 체계를 파괴하는 데 끌어다대는 불완전한 알리바이는 바로 "원본에는 없다."는 것이다.

1. 그러나 당신은 지금 당신이 무엇을 말하는지도 모르며, 안다 하더라도 사실을 고의적으로 왜곡시키는 것이다. 당신들 중 누구도 "원본"을 보지 못했으며, 당신을 가르친 현대의 역본들을 기록한 사람들도 보지 못했다. 더 이상 거짓말을 하지 말라.

2. 당신은 주저 없이 <킹제임스성경>의 장의 숫자를 사용하고 있다. 그런데 왜 유독 절에 대해서만 겁을 내는가? 나는 거기서 박사들의 편견을 발견할 수 있다. 그런 당신이 <킹제임스성경>을 믿는 사람들에게 편협한 사람이라고 말할 수 있는가?

더욱이 "성경"(Holy Bible)이라는 용어를 왜 ASV, RV, RSV 앞에다 붙이는가? 그것들은 분명히 바티칸 사본과 시내 사본을 번역한 것이지 "성경"(Holy Bible, <킹제임스성경>)을 번역한 것이 아닌데 말이다. 이들 개정위원회의 학자들은 - 보수주의자이건 자유주의자이건간에 - 왈덴스, 알비겐스, 종교개혁자, 순교자들이 "성경"(Holy Bible)을 가지고 있었음을 조금도 인정하려고 들지 않는다. 박사들이여, 최초의 원본 앞에 "성경"(Holy Bible)이라는 용어가 있는가?

우리 거듭나고 성경대로 믿는 사람들은 “성경”을 가지고 있으며, 우리의 “성경”(Holy Bible)은 암송하기 쉽게 구절이 표시되어 있는데, 이는 우리가 다음의 명령들을 들었기 때문이다.

1. 성경을 배우라.
2. 성경을 공부하라.
3. 성경을 표시하라.
4. 성경을 암송하라.
5. 성경을 실천하라.
6. 성경을 사용하라.
7. 성경을 주장하라.
8. 성경을 먹으라.
9. 성경으로 살라.
10. 성경을 가지고 싸우라.
11. 성경을 올바로 나누라.
12. 성경으로 죽으라.

당신들의 교훈이 무엇인지 모르겠지만, 이것들이 우리의 교훈이다. 우리의 하나님은 우리에게 참조하고 암송할 수 있도록 이 체계를 주신 것이다. 언제라도 어떤 성경을 어떤 언어로 주더라도 “성경”과 나란히 비교하여 당신이 갖고 있는 책이 성경인지 이솝우화인지 알려줄 수 있다. 우리는 왜 이 체계가 함부로 변경되었는지 정확히 아는데, 이는 최근에 무디성경신학원의 에메리투스 선생이 펴낸 성경이나 로마카톨릭의 예루살렘 성경에서 전체 구절이 삭제되거나 절 체계 자체가 없음으로 독자들을 속인 것을 볼 수 있었기 때문이다. 성경을 믿는 사람들은 그리스도인 독자들에게 말도 없이 구절을 빼거나 더하지 않는다.

『**그리스도의 말씀이 모든 지혜로 너희 안에 풍성히 거하게 하되**...』(16절). 이제 절대무오한 진리를 부인하고 성령의 권위를 찬탈하여 그들의 권위적 위치를 세우려는 완고한 학자들은 내버려 두고 본문으로 돌아가자.

『...**시...로 서로 가르치고 권면하며**...』(16절) 시(Psalms)가 무엇인가? 종이나 벨럼 위에 기록된 구약의 기록된 말씀인 시편이다. 그렇다면 "그리스도의 말씀"이 성경을 가리키는 게 당연하지 않은가!

이제 다시 "of"의 두 가지 용법으로 돌아가 보자. 아직 잘 모르겠다면 잠언 8:8,9과 잠언 30:6의 주석을 읽어 보라. 현대의 학자들은 그리스도인이 성경의 기록된 말씀을 믿어야 한다는 생각에 무서워 죽을 지경이다. 그래서 말씀(the word)은 거의 항상 "가르침," "메시지," "원칙들," "근본사항들"로 변개되는 것이다.

우리는 본문의 음악에 대한 설명을 이미 에베소서 5:19에서 한 바 있다. (음악에 대해 더 깊이 있는 내용을 위해서는 창세기 4:23,24의 주석과 출애굽기 15:20의 주석을 참조하라.)

『**또 말에 있어서나 행실에 있어서나 무엇을 하든지**...』(17절, 엡 5:20과 주석 참조) 이 구절은 신약에서 그리스도인의 행동 전체를 포함하는 구절이다. 이것은 로마서 12,14장과 데살로니가전서 5장의 모든 가르침을 요약한 것이다. 윌리엄스는 이에 대해 뛰어난 주석을 달아 놓았는데(주석서, p.940), 매우 단순한 표현이기에 어떤 주석가도 길을 잃지 않는다.

그러나 쉬운 영어나 헬라어라고 해서 학자들의 실력을 과대평가해서는 안 된다. 신약에서 그리스도인의 행동에 대한 가장 명백한 구절에서 피크, 알란드, 네슬, 더멜로우, 라잇풋, 엘리콧, 핀들레이, 엘리스와 그 밖의 지도자급 학자들이 모두 그들의 꼬리를 드러낸다.

오리겐으로부터 NASV(1960)까지 모든 변개된 본문에서 "and"가 삭제되었다. 이 삭제에 대한 변명은 그 단어가 에베소서 5:20으로부터 몰래 들어왔다는 것이다.

『...하나님, **곧** 아버지[God and the Father]**께 감사를 드리라**』(17절) 『하나님, **곧** 아버지[God and the Father]**께 감사를 드리며**』(엡 5:20).

자, 이제 저들의 말대로라면 성경에서 두 번 이상 반복된 용어들은 모두 다른 곳에서 몰래 들어온 것들이 된다. 이런 주장은 그들이 조작해 낸 성경의 권위를 파괴하려는 수많은 이론들, "두 문서 이론"이나 "Q문서설," "제 2 이사야 이론," "마태와 누가가 마가복음을 사용했다는 설" 같은 것들을 생각나게 하지 않는가?

헬라어 표준원문의 안티옥 교부들(크리소스톰, 데오도르, 안티오커스, 다마스커스의 요한)은 권위역본과 같이 "theo kai patri"라고 말한다. 이것은 에베소서 5:20의 4개 계열 모두의 필사본들에 나타난 본문이다. 이 필사본 증거의 탁월함에도 불구하고, RSV(1946)는 "kai"(헬라어 and)를 삭제했다. 그러면 골로새서 3:17에서 동일한 저자가 동일한 회중들(소아시아의 이방인 회심자들)에게 같은 문제들(골 3:17과 엡 5:20을 보라)에 대해 기록할 때에도, 우리는 동일한 단어가 몰래 들어왔다고 믿어야 하는가? 이것이 몰래 들어왔다면, 성경의 대부분의 단어가 다 몰래 들어왔다고 말해야 할 것이다.

서방 필사본("D")은 원본에도 그렇게 되어 있다고 입증한다. 세이델(Seidelianus) 필사본은 그것이 헬라어 본문의 일부임을 말하고, 시프리우스 필사본도 그것이 본문의 일부임을 말하며, 대부분의 헬라어 필사본들도 그것이 본문의 일부임을 말하고 있다. 그것이 바울의 독특한 필체라면(엡 4:6; 1:3, 빌 4:20, 골 1:3, 고후 11:31의 주석 참조), 왜 학자들은 이것들도 몰래 들어왔다고 생각지 않는가? 왜 당신은 "kai"(and)가 바티칸 사본과 시내 사본에서 몰래 나갔다고는 생각지 않는가?

바티칸 사본과 시내 사본과 파피루스 46(P46)이 모두 <킹제임스성경>에서 "주 예수 그리스도의 이름"이라고 말할 때는 그대로 단어들을 사용하다가, 그들이 그것이 바울의 필체임과 그 증거가 논박할 수 없는 것임을 알았을 때 같은 본문에서 갑자기 "kai"를 빼 버린 사실을 어떻게 설명할 것인가?

사도행전 8:37도 표준원문에서 기어 들어온 것인가? 차라리 알렉산드리아의 콘스탄틴이 가졌던 필사본에서 그것이 삭제되었다는 편이 더 논리적이지 않은가? (필사본 증거 참조)

어떤 성경에서 네슬의 요한복음 1:18의 본문이 몰래 들어왔는가? 밥존스대학에서 권위 있게 추천되는 본문이 아닌가? 네슬의 요한복음 1:18은 아리우스(256-336)와 여호와의 증인인 러더포드 판사에게는 필수적인 교리가 담긴 구절이다.

왜 더멜로우와 제미에슨, 포셋, 브라운과 심지어 전천년주의 주석가인 윌리엄스까지도 하나님을 모독하는 대부분의 헬라어 성경의 요한복음 1:18에 대해 아무런 주석도 달지 않는가?

왜 그들은 근본주의자로 자처하면서도 이러한 변개된 본문을 용납하는가? 네슬의 요한복음 1:18은 사실 믿음의 첫 번째 근본 교리를 부인하는 것이다(13번 현상).

그런데도 우리가 "and"(<한글킹제임스성경>에서는 동격의 "and"를 "곧"으로 번역하였다. - 역자 주)가 골로새서 3:17과 에베소서 5:20에 몰래 들어왔다고 믿어야 하는가! 그러나 에베소서 5:20에 "and"가 몰래 들어왔다면, 네슬의 본문에 있는 요한복음 1:18은 도대체 어디에서 들어왔는가?

글쎄, 만일 "kai"가 에베소서 5:20로부터 몰래 들어왔다면, 네슬의 헬라어 성경의 요한복음 1:18은 지옥으로부터 기어 들어온 것이다. 아무리 겁많은 제미에슨, 포셋, 브라운, 더멜로우, 윌리엄스, 벌링거라 하더라도 본문의 분명한 변개를 보고도 지적조차 못하는 것은 이해하기 힘들다. [그러나 위에 언급된 자들과 엘리콧, 라잇풋, 립시우스, 홉트, 슈네더만(Schnedermann), 빈센트, 피크, 알포드, 아봇, 메이어, 래춰만, 트레겔레스, 그리스바흐, 티쉔돌프, 웨스트코트, 웨스트, 루에켄(Lueken), 홀트 등은 시내 사본과 바티칸 사본과 파피루스 66이 너무나 변개되어 소망 없는 부패된 상태를 독자들이 눈치챌까봐 두려워하는 것이 그 유일한 이유이다. 오리겐이 오래전에 요한복음 1:18에 가한 하나님의 말씀의 변개는 너무나 뻔뻔스럽기에 심지어 이 주석서에서 비판할 가치조차 없다. 이는 이 본문으로부터 번역된 NASV(밥존스대학이 추천한)로 인해 많은 성도들이 믿음을 잃어버릴 위험이 상존하기 때문이다. <킹제임스성경>으로부터 NASV가 변개시킨 것 중 152개는 바티칸 사본과 시내 사본에서 가져온 것들이다.]

당신은 <킹제임스성경>으로 충분히 모든 헬라어 성경의 오류들을 바로잡을 수 있으며, 변개된 마귀의 "헬라어 본문"을 따르는 학자들은 무시해도 좋다.

그리스도인이 말하고 행동하는 것은 『**주 예수의 이름으로**』(17절) 말하고 행동해야 하며, 그가 그것을 말하고 행동할 때에는 예수 그리스도를 통하여 『**하나님, 곧 아버지께 감사를**』(17절) 드릴 수 있어야 한다. 이것은 그리스도인이 하나님께 진실로 감사드리지 못하는 일에 연루되어서는 안 된다는 것을 의미한다(로마서 14:22에도 이와 같은 생각이 들어 있다). 이것은 『**그의 목전에 기쁨이 되는 일들**』(요일 3:22)에 주의를 기울이게 되고, 이러한 행동(고전 10:33)은 단순히 "계명을 지키는 것"(롬 8:3–5)을 훨씬 넘어 나아가게 한다. 로마서 14:23의 "의심스러운 일들"은 본문을 적용함으로 해결할 수 있다. 다음에 의심스러운 일들이 나타날 때 한 번 시도해 보라.

3:18 **아내들아, 너희는 너희 자신의 남편에게 복종하라. 그것이 주 안에서 합당한 것이라.**

19 **남편들아, 너희 아내를 사랑하고 가혹하게 대하지 말라.**

20 **자녀들아, 모든 일에 부모에게 순종하라. 이것이 주를 참으로 기쁘시게 하는 것이라.**

21 **아비들아, 너희 자녀를 성나게 하지 말라. 이는 그들이 낙심하지 않게 하려는 것이라.**

22 **종들아, 육신에 따른 너희의 주인들에게 모든 일에 순종하되 사람을 기쁘게 하는 자처럼 눈가림으로 섬기지 말고** 하나님을 **두려워하여 순전한 마음으로 하라.**

23 **무슨 일을 하든지 마음을 다하여 주께 하듯 하고 사람에게 하듯 하지 말라.**

24 **이는 너희가 유업의 상을 주께로부터 받을 줄 앎이니 너희가** 주 그리스도를 **섬기고 있음이라.**

25 **그러나 악을 행하는 자는 자기가 행한 악에 대하여 받으리니 거기에는 사람을 외모로 취하심이 없느니라.**

『**아내들아, 너희는 너희 자신의 남편에게 복종하라. 그것이 주 안에서 합당한 것이라**』(18절). [에베소서 5:22의 주석을 참조하고 특히 잠언 31장을 보라.]

특히 성경 변개자들(3:5주석 참조)의 "과거의 역사적인" 일로 제한하려는 경향들은 본문을 1세기 이전으로 돌리자는 엘리스 박사(위클리프 주석)의 충고와 노력 때문이다. "가족의 행동"에 대한 성경의 말씀들을 바울 시대와 기원전 시대의 유대인과 이방인의 관습 차원으로 이해하려는 자들이 너무나 많다. "가족의 행동"에 대해서는 욥기부터 킨세이 보고서까지 살았던 모든 주요한 작가들과 철학자들의 호기심을 끄는 주제 중 하나였다. 그러나 전에도 말했던 바와 같이 이것은 전형적이다. 이것은 모든 주석가들로 하여금 그들이 그 문제에 대한 감정들을 의도적으로 배제하게 만들었다. 이것은 성경을 거부하는 자들의 표준화된 일처리 중 하나로 성경을 과거의 역사, 문화, 전통, 풍습의 산물로 만들어 "현재의 권위"를 없애려는 것이다. 이것이 바로 수천 권의 성경 강해에 엘리스 박사의 충고들이 침투한 이유이다. "가족의 행동"은 인류에게 정치나 종교의 문제와 버금가는 중요한 화제인데, 이는 이브가 가족을 망쳐버렸고 아담이 그녀의 지배권을 따라 행하였기 때문이다. "가족의 행동"은 이교도 작가들이 어떻게 그들의 생각을 글로 표현해야 되는지를 배우기 500년 전에 기록된 잠언에서 50구절 이상이나 발견된다.

다시 한 번, 억지 주장을 펴는 학자들은 무엇인가가 에베소서 5:22로부터 몰래 들어왔다고 한다. 이번에는 알렉산드리아의 오리겐과 유세비우스의 필사본에서 빠뜨린 "own"(제미에슨, 포셋, 브라운의 주석서, p.1326을 보라)이 그 용의자이다. 그러나 헬라어 필사본의 대부분은 <킹제임스성경>과 같다는 사실을 잊지 말라. 본문의 "own"이란 단어는 뛰어난 표현이다. "남편은" 단순히 "너희 남편" (your husbands, 요 4:17, 롬 7:1-3)이 아니라 고린도전서 7:2과 같이 "너희 자신의 남편"(your own husbands)이다.

성경을 상고하는 법을 배운 성숙한 그리스도인들은 이미 누가복음 17:27의 "married wives"에서 "wives"(아내들)이 다른 남자들의 아내들임을 알 것이다. "your own husbands"(너희 자신의 남편)는 분명히 사도의 의도된 기록이며, 불행히도 그 단어가 알렉산드리아의 위조본에서는 몰래 빠져나간 것이다.

『...**합당한 것이라**』(18절)는 창세기 2:18의 "돕는 배필"을 암시하며, 이것을 행하는 것이 적절하고 합당하며, 합당한 조건들과 일치하는 것이다.

『**남편들아, 너희 아내를 사랑하고 가혹하게 대하지 말라**』(19절, 벧전 3:7과 엡 5:25-31). "가혹하게 대하는 것"(bitterness)은 순간적으로 나오는 뿌리이며, 아내들은 그 식물을 자라도록 하는 재능이 있는 듯하다. 미국과 유럽과 동양에서 이와 같은 일들이 발생하는 원인들은 가지각색이지만, 그 근본 이유는 바로 "여성해방"이나 "남녀평등"이다. [이 문제는 잠언에서 자세히 다루어지는데, 잠언 9:13; 11:16; 12:4; 21:9,19; 27:15; 30:20의 주석들을 참조하라.]

『**자녀들아, 모든 일에 부모에게 순종하라**...』(20절). [더 자세한 내용은 잠언 8:32; 17:6; 20:11; 22:6; 23:13; 29:15의 주석을 참조하라.]

"**모든 일**"(20절)은 물론 분명히 하나님의 말씀에 반대되지 않는 모든 명령들을 말한다. 반대로 열왕기상 15:12-14을 주목하라.

다시 알렉산드리아의 서기관들이 "in"을 에베소서 6:1로부터 몰래 가져왔다고 말하지만, 이번에는 RV, ASV, RSV, NASV 등이 모두 <킹제임스성경>을 따르고 있다.

『아비들아, 너희 자녀를 성나게 하지 말라. 이는 그들이 낙심하지 않게 하려는 것이라』(21절, 에베소서 6:4의 주석과 잠언 22:6,15과 23:13의 주석을 참조하라).

『종들아, 육신에 따른 너희의 "주인들"에게 모든 일에 순종하되... 하나님을 두려워하여...』(22절). 갑자기 "고도로 정확한" ASV(1901)와 NASV(1960)는 그들이 59년간 배운 모든 헬라어를 잊어먹고, 결국 <킹제임스성경>을 따르기로 결정한다. 그들은 "노예들"[Slaves, 헬라어 필사본은 "둘로스"(dulos)]이라는 말 대신 "종들"(Servants)로 하기로 결정한 것이다(3번 현상).

심지어 <확대역본>도 그들의 급진적이고 종교적인 편견에도 불구하고, "둘로스"(dulos)를 "노예"(slave)로 번역하기를 거부함으로 그들은 충분히 확대시켜 "헬라어 원본"을 찾아낼 수 있었다. 그러나 <필립스역본>과 <현대인을 위한 기쁜소식>과 NEB는 변개된 RSV(1946)와 함께 RV, ASV, NASV위원회가 만든 헬라어 원어사전(Lexicons)에 나타난 것과 똑같이 "노예"(slave)로 번역하였다. 그 단어의 의미는 문자적으로 "속박된 사람"(bondman)이라는 의미이기 때문에, 목회를 할 학생들은 ASV와 NASV의 동기가 "보다 더 문자적인 번역"이라는 생각에 속아서는 안 될 것이다. 그들은 골로새서 2:8과 2:16에서처럼 문자적으로 번역하지 않고도, 이곳에서는 문자적으로 번역하기 때문에 자신들이 최고라고 생각한다(4번 현상).

어떻게 강단주석(핀들레이 박사)이 "눈가림으로"(with eyeservice)라고 문자적으로 번역하길 거부하고 "눈가림의 행동으로"(with acts of eyeservice)라고 번역했는지를 주목하라. 이들 <킹제임스성경>을 비판하는 학자들은 이런 것은 허용하면서도, <킹제임스성경>이 문자적으로 번역하지 않았다고 모순되이 비판할 수 있는가?

가장 오래된 파피루스(P46)도 <킹제임스성경>과 같이 "하나님을 두려워하여"(fearing God)라고 되어 있음에도 변개된 바티칸 사본에 "주를 두려워하여"(fearing the Lord)라고 되어 있기에 ASV, RSV, RV, NASV, <필립스역본>, <모펫 역본>, <굿스피드 역본>등은 모두 바티칸 사본을 따라 변개되어 있다.

핀들레이, 엘리스, 윌리엄스, 제미에슨, 포셋, 브라운은 "가장 오래된 필사본"에는 "주"로 되어 있다고 말하나, 현재 가장 오래된 필사본인 파피루스 46은 <킹제임스성경>과 동일하게 "하나님"으로 되어 있다(17번 현상).

그러나 우리는 파피루스보다 더 믿을 만한 근거가 있는데, 그것은 바울의 필체가 "주를 두려워함"이 아니라 "하나님을 두려워함"이라는 점이다. 고린도후서 7:1과 로마서 3:18, 에베소서 5:21을 보라. 분명히 바울의 필체는 "하나님을 두려워함"이다.

또한 "주를 두려워함"은 구약적 표현이며, 바울은 그가 "부활하신 구주"를 말할 때마다 "인자"라는 용어를 사용하지 않듯이 그 용어를 사용하지 않고 있다. 고어적 표현인 "주를 두려워함"을 삽입하는 것은 캐시우스 클레이가 인용한 것처럼 세대적으로 바울의 용어로는 적합하지 않다. 더욱이 이 성경 변개자들이 단순히 바티칸 사본과 시내 사본만을 좇아 변개를 일삼는 것은 그들이 영적인 소경임을 입증할 뿐이다.

소경이 소경을 인도하도록 내버려 두고 절대무오한 진리로 돌아가 보자.

1. 종들은 여전히 은혜의 세대에도 발견된다.

2. 그들이 도망했을 때에는 그들의 주인에게 돌아가야 한다(빌레몬).

3. 그들은 그들의 주인들에게 순종할 것을 명령받았다(딤전 6:1-3).

4. 그들이 도망할 기회를 얻더라도 종의 위치에 머물 것을 명령받는다(고전 7장).

5. 그들은 종으로 그들의 능력껏 하나님을 섬겨야 한다(고전 7장).

6. 그들이 섬길 때는 "주께 하듯 하고 사람에게 하듯" 해서는 안 된다(23절).

7. 그들은 그리스도의 심판석에서 주께 상을 받을 것이다(24절).

8. 그들은 다른 사람과 같이 악을 행하면 악에 대해 받을 것이며(25절), 그들을 다루는 데 있어서 그들의 종된 상태나 가난 같은 것들은 어떤 식으로든 전혀 영향을 미치지 않을 것이다(신 1:17). [어떤 사람들은 일하지 않고 정부에 의존해 살아가는 사람들만이 시민권을 가져야 한다고 생각한다.]

생존경쟁의 패배자(계 3:14과 그 주석 참조)를 위한 라오디케아의 캠페인은 법을 지키고 일하는 다수를 희생시켜 특별한 특권과 특별한 권리와 특별한 경영방침이 혁명가, 부랑자, 건달, 전과자, 정신병자등에게 주어져야 한다는 것이다. 그러나 하나님께서는 당신을 희생시키지 않고 그 아들을 희생시켜, 당신이 자유인이든 종이든 그 유익을 얻게 하신다. 『...**거기에는 사람을 외모로 취하심이 없느니라**』(25절). [에베소서 5:8,9의 주석과 빌립보서 1:28, 베드로전서 1:17을 갈라디아서 2:6과 함께 참조하라.]

『**유업의 상**』(24절)은 천년왕국의 통치인데(엡 5:5, 갈 5:21, 고전 6:9), 강단주석의 저자들이 제롬, 오리겐, 어거스틴과 같이 후천년주의자들이기 때문에, "유업"에 대해 어떤 주석도 달아놓질 못했다. 심지어 제미에슨, 포셋, 브라운은 지상의 모든 헬라어 필사본들이 24절에 "유업의 상"이라고 되어 있음에도, 그들은 은혜의 유업이라고 주장한다(12번 현상).

"유업"(24절)은 노력해서 얻는 상이며, "은혜로 받는 구원"과는 완전히 반대된다(롬 4:14).

후천년주의자들인 로마카톨릭과 함께 위클리프 주석은 "유업"이 아버지의 승인이라는 이상한 주석을 달아놓았다. 엘리스 박사는 여기서 멈추지 않고 플라토주의자는 이 구절을 문자적으로 취한다고 말한다. 그러나 플라토는 어거스틴과 필립 샤프와 같이 후천년주의자이다. 또한 플라토는 (다윈, 히틀러, 레닌, 마르크스와 같이) 인류가 전쟁과 교육, 과학으로 왕국을 가져올 수 있다고 믿었다. 플라토에게 "유업"은 예수 그리스도께서 재림하시기 전의 이상적인 "공화국"이다. 엘리스 박사도 플라토의 편을 들어 "유업"이 예수 그리스도 재림 이전의 "행동에 대한 승인"이라고 말한다. 이것은 정확히 플라토의 견해이며, 성경적 진리와는 상반되는 로크만 재단의 입장이다.

"상"(24절)은 섬김으로부터 나왔으나(24절, 『**이는...너희가 주 그리스도를 섬기고 있음이라**』), 엘리스, 핀들레이, 제미에슨, 포셋, 브라운은 이 사실에 대해 전혀 무지하다.

AV 비평가들의 수많은 오류들 중에 <신세계 역본, 1961>에는 24절에 "주인이신 그리스도를 위한 노예가 되었기 때문이라"고 변개되어 있다.

케네스 웨스트도 이와 유사하게 주님을 격하시켜 "큐리오스"(kurios,

헬라어)를 “주인”(master)로 바꾸어 번역하여, “하늘의 주인이신 그리스도를 섬기고 있음이라”고 변개시켰다. 그러나 어떤 헬라어 필사본에도 “하늘의”(heavenly)라는 단어가 없는데도 이렇게 번역한 것은 너무 심하다. 또한 22절에서 “큐리오스”(kurios)를 “주인”(master)으로 번역했기 때문에 24절에도 “큐리오스”가 “주” (Lord)가 아니라 주인으로 번역되어야 한다는 주장은 무지한 탓이다. 적어도 웨스트의 말만 따르더라도, 헬라어 “kurios”가 22절에서 이미 3번이나 인간 주인에게 사용되었으나, 24절은 “주 그리스도”가 되어야 했다. [웨스트도 다른 로마카톨릭 성경과 같이 22절의 하나님 대신 “kurios”(주)로 대체하였고, 24절의 “주” 앞에 3개의 주인들을 만들었다.]

모든 것은 1800년대 이후의 어떤 현대 역본이나 주석서의 도움 없이도 매우 명백하다. 종들은 인간의 종으로서 하나님을 섬길 수 있다. 그들이 할 일을 전심으로 마치 그들의 대장이나 주인이 하나님인 것처럼 행해야 한다. 이것은 그들의 주인이 그들을 지켜보지 않을 때에도 그렇게 해야 한다는 것을 의미한다. 이런 방식으로 “즐겨 하는” 섬김은 “그리스도를 위한 고난”(롬 8:16-22)으로 여겨지며, 그 노예에게 재림 때 실제로, 눈에 보이는, 문자적인, 지상의 땅을 주실 것이다(눅 19:11-27). 그것은 현재 그의 주인이 가지고 있는 땅보다 훨씬 더 넓은 땅이다. 그러나 이 모든 것들은 후천년주의자나 무천년주의자나 십자가를 지지 않고 면류관을 얻으려는 왕국 건설자들에게는 감추어진 것이다(갈 6:12과 주석 참조).

마지막으로 “한 몸인 교회를 위한 현재의 진리”도 행위로 얻는 문자적이고 눈에 보이는 천년왕국의 유업(24절)을 포함하고 있음을 주목해야 한다. 벌링거가 범한 주요 오류들 가운데 성경에서 여기보다 더 명백한 곳은 없을 것이다. “천상”에 있는 “영적인 복들”의 보이지 않는 영적인 유업(엡 3:1-6과 주석 참조)이 그리스도인들을 위한 유일한 장소가 아니며, 은혜로 얻는 유업(엡 1,2장)이 유일한 유업이 아닌데, 이는 본문의 유업(골 3:24)은 행위로 얻는 유업이기 때문이다. 에베소서를 "한 몸의 교회"를 위한 "현재의 진리"로 그리스도인에게 분리시켜 천년왕국의 유업의 약속들을 영적인 것으로 만드는 것은 로마카톨릭의 후천년주의만큼이나 위험한 오류이다. 그리스도인의 실제적인 미래의 유업을 영적으로 만들기 위해 벌링거는 명백히 그리스도께서 이 땅을 다스리기 위해 실제적으로 눈에 보이도록 재림하신다는 로마서 8:16,17을 없애 버려야 했다. 벌링거는 그 구절을 없앤 뒤 그와 같은 주제를 가지고 있는 디모데후서 2:12을 없애려고 했으나, 그 구절은 에베소서 이후에 기록되었기 때문에 없애는 데 실패했다. 교회를 위한 현재의 진리는 마태복음 25:31에서도 발견된다. 갈라디아서 3:29(주석 참조)의 "공동 상속자"는 실제적이고 정치적이며 눈에 보이는 천년왕국을 함께 나누어 가질 것이다(계 20:1-4과 주석 참조).

골로새서 4장

4:1 **주인들아, 너희에게도 하늘에 주인이 계심을 알고 종들에게 의**
와 공평을 베풀라.
2 **꾸준히 기도하고 감사함으로 기도에 깨어 있으라.**
3 **또한 하나님께서 우리에게 말문을 열어 주사 그리스도의 신비**
를 말하게 하여 주시도록 기도하라. 이로 인하여 내가 매인 바
되었나니
4 **이는 내가 마땅히 해야 할 말을 하여 신비를 나타내려 함이라.**
5 **외부 사람들에게는 지혜로 행하여 시간을 사서 얻으라.**
6 **너희의 말이 항상 은혜와 더불어 있게 하고 소금으로 맛을 내**
듯 하라. 이는 각 사람에게 어떻게 대답해야 하는가를 알게 하
려는 것이라.

이 처음 6구절을 제외하고, 골로새서의 마지막 장은 개인적이고 전달적이며, 바울의 친구들과 개인의 사역에 대해 다루고 있다.

『**주인들아, 너희에게도 하늘에 주인이 계심을 알고**...』(1절). [누구나 단 번에 알수 있듯이 케네스 웨스트의 골로새서 3:24의 "주인"은 바로 이 구절에서 몰래 들어온 것이다.]

<킹제임스성경> 본문에는 모든 것이 분명하다. 노예를 가지고 있는 그리스도인 주인들은 자기 자신도 노예임을 기억해야만 하고(고전 7:20-23), 그가 그를 돕는 자신의 종에게 임금을 주듯이(골 3:25) 그의 "주인"도 그에게 임금을 주실 것임을 기억해야 한다. "의와 공평"(1절)은 골로새서 3:25과 어울리며, "자기가 행한 악에 대하여 받으리니"(골 3:25)라는 말씀은 그리스도의 심판석에서 그리스도인에게 주어질 임금뿐만 아니라 징계를 받는 종에 관한 내용과 연관해서 생각할 수 있다. 징계를 거부하고, 권위를 멸시하며, 사람을 높이고, 성경을 거부하는 20,21세기의 인본주의자들은 이 모든 말들을 "톰 아저씨의 오두막"정도로 여길 것이지만, 그리스도의 심판석에서(고후 5:3-10) 이 자유주의자들은 그들의 신약 교리를 재정립해야 할 것이다.

디모데전서 6:1-3의 속박된 종들은 그의 섬김에 대해 보상받는데, "의와 공평"으로 보상받는다는 사실을 주목하라. 성경 어디에도 노예를 학대하거나, 노예에게 급여를 불충분하게 주는 것을 눈감아주지 않는다. 오늘날에는 기독 실업가들과 교육가들이 그들의 피고용인들에게 "의와 공평"(1절)으로 하지 않고 있다. 골로새의 그리스도인 주인들은 현대의 교육가들이 그들의 선생들에게 급여를 주는 것보다 훨씬 더 낫게 그의 노예들을 대하고 있음을 알 수 있다. 본문은 "의와 공평을 베풀라"고 말하고 있으나, 어떤 사람이 "정도를 지나쳐 자기 형제를" 속이면(살전 4:6), 주님께서 이런 모든 일에 대해서 "벌을 주시는 분"이 되실 것이다. 현대의 기독 교육가들이 많이 지나치는 것은 바로 강탈과 횡령과 착복이다. 로마카톨릭은 미국의 기독교 학

교들이 이런 방식을 따르도록 만들었다. 미친 사람만이 수녀들이 "의와 공평"을 가르친다고 급여를 줄 것이며, 적어도 로마 교회에 의해서는 지급되지 않는다. 그들이 개신교도들의 세금을 착취할 수 있다면(오하이오, 뉴욕, 메릴랜드, 인디아나, 일리노이 주에서처럼), 선생들은 더 나은 임금을 받을 것이다.

『**꾸준히 기도하고 감사함으로 기도에 깨어 있으라**』(2절). (빌 4:6, 살전 5:17,18, 엡 6:18, 롬 12:12 등을 보라.)

그리스도인 농부는 철학자들이 발끝으로 보는 것보다 무릎으로 더 많은 것을 볼 수 있다. 기도에 대해서 이런 속담이 있다. "태양이 비칠 때 기도하지 않는 자는 구름이 올 때 어떻게 기도해야 하는지 알지 못한다." "전망이 좋지 않거든 위를 바라보아라." "하나님께서는 맡기지 않은 어음을 인수하실 수 없다." "아침에 당신의 생각에서 하나님이 첫 번째가 아니시면, 하루종일 당신 생각에서 그분은 계시지 않는다." "기도하기 가장 어려울 때 가장 열심히 기도하라." "성경의 교리 중 기도만큼 많이 논의되고 기도만큼 적게 실행되는 것도 없다." "당신이 기도할 때까지는 정말로 필요한 것이 아니다." "기도는 입의 천장에서가 아니라 마음의 뿌리로부터 나와야만 한다." "당신 자신의 닻을 하나님의 보좌에 내리라, 그리고 그 줄은 짧게 하라."

『**또한 하나님께서 우리에게 말문을 열어 주사 그리스도의 신비를 말하게 하여 주시도록 기도하라**…』(3절). 바울은 이 신비를 "나타내려"는(4절) 열망이 있었다. 성경을 공부하는 신중한 학생들은 이 신비가 "한 몸의 신비"나 "한 몸의 교회"의 신비(벌링거주의자)가 아님을 주목할 것이다. 이 신비는 골로새서 1:26,27에 나온 신비이다. 전에도 말했지만(엡 1장, 3:1-6과 주석 참조), 극단적 세대주의자들과 극단적 칼빈주의자들은 결과적으로 전체 성경을 그들이 사랑하는 한 개나 두 개의 교리로 억지로 밀어넣는다. 우리는 이런 교리들을 "목마"(hobbyhorse)라고 부르는데, 벌링거는 칼빈처럼 자신의 목마를 타고 죽음으로 질주한다. 질핀(John Gilpin, <침례교 시험관>의 저자)은 바울이 택함받은 자들을 구원하기 위해 감옥에 있었다고 생각하는 오류를 범했으며, 그 근거 구절로 사용하는 것이 디모데후서 2:10이다. 반대로 벌링거는 스탬과 오헤어와 함께 바울이 "몸의 신비"를 전파하기 위해 감옥에 있었다고 생각하며, 그 근거 구절로 골로새서 4:3,4을 제시한다. 그러나 정상적인 사람들은 바울이 체포되고 구속되었기 때문에 감옥에 있었다고 말하지 않겠는가?

바울은 사실 다음과 같은 이유로 감옥에 있었다.

1. 믿음으로 받는 구원을 전파함으로(행 16:30,31).
2. 유대인과 이방인의 결합된 몸을 전파함으로(엡 3:1-3).
3. "너희 안에 있는 그리스도"를 전파함으로(골 1:27).
4. 그리스도의 재림을 전파함으로(행 20:27).
5. 우상에 반대하여 전파함으로(행 19,20장).
6. 예루살렘에 있는 성전에 들어감으로(행 21장).
7. 펠릭스가 받기를 원했던 몸값 때문에(행 24:26).
8. 죽은 자들로부터의 부활을 전파함으로(행 26:23).

알다시피 벌링거와 칼빈, 오헤어, 스탬은 카톨릭 신자나 캠벨주의자처럼 전혀 성경을 배우지 않는다. 그들은 한 개나 두 개의 교리를 발견한 뒤, 신구약 모두를 그 교리들과 연관시켜 버린다. 여러분이 어리석게도 그들을 따르게 되면 많이 배울지라도, 신약의 74%와 구약의 90%를 놓치게 된다. 현대의 "근본주의"도 이와 같다. 그들은 성경으로부터 몇 가지를 뽑아내어 그것을 필수적인 신앙으로 정의한 뒤, 교회의 회중들에게 그것들만을 가르침으로 그들의 성경을 창밖에 던져버리게 만든다(<짐승의 표>, 1장 참조).

『...**우리에게 말문을 열어 주사**...』(3절). 성경에서 "문"은 성경에 따르면 "전파할 기회"로 정의된다(계 3:8, 고전 16:9, 고후 2:12을 보라). 물론 항상 그런 의미는 아니지만(계 3:20; 4:1), 본문은 명백히 그런 의미로 사용되었다.

고대 영어의 "withal"은 "함께"를 의미하며, 바울이 말한 "너희가 기도할 때 나를 위해 기도하는 것을 잊지 말라. 왜냐하면 나는 감옥에 있고 내 손은 수갑으로 묶여 있으나 전파할 기회를 원하기 때문이다. 그래서 하나님께서 내가 갇혀 있든 자유롭든 마땅히 해야 할(엡 6:18-20) 것처럼 전파할 수 있도록 나를 위해 문을 열어 주시도록 기도하라." [바울은 강단에서 설교한 것처럼(행 13장) 사슬에 묶여서도 담대히 전파했다(행 26장).]

『**외부 사람들에게는 지혜로 행하여 시간을 사서 얻으라**』(5절). [에베소서 5:16의 주석과 고린도전서 7:29을 갈라디아서 6:10과 함께 보라.] 시간을 사서 얻는 자는 "가려운 곳"을 자기가 직접 "긁는" 사람이다. 게으른 그리스도인은 목표를 겨냥하지 않고 대충 쏜다. 고여 있는 웅덩이의 물에는 찌꺼기와 더러운 것들이 생기기 마련이기에, 그리스도인들은 상황이 변화되길 기다려서는 안 된다. 오히려 어떤 상황이 변화되도록 소란케해야 한다(행 16:20). 교사들과 설교자들은 "추수의 밭"에서 일할 수 없는데, 이는 기도가 "일꾼들"을 위한 것이기 때문이다(마 9:38). 끓지 않는 것보다 끓어서 넘치는 편이 더 좋듯이, 그리스도인의 섬김도 자신의 몸을 아끼느니 차라리 다 불살라 없앨 만큼 그렇게 섬기는 것이 언제나 더 낫다.

구원받지 못한 자들("외부 사람들")을 다룰 때에는 지혜가 필요한데, 이는 그들이 기질상(그들이 진리를 거부함으로) 성경대로 믿는 사람들을 다룰 때 자연히 지나치게 비판적이고 감정적이기 때문이다. 당신이 성경대로 살면 그들은 당신을 광신자라 부르고, 당신이 성경대로 살지 못한다면 당신을 위선자라 부른다. 어떻게든 당신은 그들을 이길 수 없고, 당신이 할 수 있는 최선의 길은 그들을 다룰 때 지혜를 위해 기도하고, 그들 주위에 있을 때에 지혜로 행하는 것이다(5절). [고린도전서 10:27을 보라.]

『**너희의 말이 항상 은혜와 더불어 있게 하고 소금으로 맛을 내듯 하라. 이는 각 사람에게 어떻게 대답해야 하는가를 알게 하려는 것이라**』(6절). 그리스도인들은 "땅의 소금"이기에, 그들의 말은 소금같아야 한다. 하나님의 말씀은 설탕 막대같지 않고(밥 존스 시니어의 인용), 소금과 같다. 상처가 드러나는 곳에는(렘 48:10, 시 149:6), 소금을 넣어 문질러야 한다(막 9:50). [베드로전서 3:15과 빌립보서 1:27,28이 이 구절과 평행 구절이다.]

이렇게 말하지 않는 완벽한 예를 <확대역본>에서 발견할 수 있다. <확대역본>에는 본문을 어떤 필사본에도 발견할 수 없는 형태로 왜곡시켜 "유쾌하고 쾌활하게"(pleasant and winsome)로 만들어 버렸다. 이것은 본문이 말하려는 바가 아니며, 본문의 진리를 던져 버릴 것을 결심한 성경 거부자가 집어넣은 사사로운 해석일 뿐이다. 이대로라면 불신자들보다 더 심한 것이다. 당신이 하나님의 말씀의 권위를 버리고 변개된 것을 따르면 교만하고, 자기 의를 지니고, 육신적인 영을 소유하게 된다. 바울이 한 말을 휴식 시간에 차를 마시면서 떠드는 사람의 농담 정도로 바꾸어 놓고도 하나님께 호의를 행했다고 생각하는 "유쾌하고" "쾌활한" 그리스도인은 이상한 나라의 엘리스에나 나올 만큼 성경을 변개시켜 놓은 것이다. "유쾌하고 쾌활한 말"은 예레미야나 이사야, 모세, 베드로, 야고보, 요한, 바울, 예수 그리스도에게는 어울리지 않는다.

『**은혜와 더불어**...』(6절)는 피크에게는 "유쾌함"(pleasantness)을 의미하는 단어로 여겨지며, 그는 아인슈타인이 진화론을 확신하는 것처럼 이 사사로운 해석을 확신하고 있다. 이 대단한 무신론적 불가지론자는 <헬라어 주석성경>(p.35)에서 모든 단어를 말할 때마다 "아마..., 누군가가 생각하기를..., 그러나 이것은 적합하지 않은데..., 지혜는 아마 ...을 의미하는데, 아마 그것이 가진 두 번째 의미는..."과 같이 말한다.

그러나 우리는 "두 생각을 지닌 사람"(약 1:8)을 알고 있기에, 피크를 옆에 두고 문제의 근원을 살펴보아야 한다.

"문제의 근원"은 대부분이 그러하듯이 알렉산드리아에서 발견된다. <강단주석>(20권, p.210)은 우리가 "교활한 자를 궁지로 몰았다"라고 한다. "은혜"와 "소금"을 "유쾌하고 쾌활한"으로 바꾸기 위해 세 가지 인용이 제시된다. 세 가지 인용 중 두 가지 인용은 로마카톨릭의 외경으로부터 나왔으며, 이 세 가지는 모두 신화적인 LXX(<칠십인역>)으로부터 나왔다. [<칠십인역>은 신약이 완성된 지 200년이 지나서 기록되었다.]

제미에슨, 포셋, 브라운(주석서, p.1327)만 속임수에 빠져 외경을 받아들였을 뿐 아니라, <필립스역본>과 <현대인을 위한 기쁜 소식>도

<확대역본>의 알렉산드리아식 변개를 수용했다.

성령님께서 우리에게 절대무오한 <킹제임스성경>의 참조 구절(16절)을 주셨기에, 피크, 핀들레이, 엘리스, 립시우스, 올샤우젠, 엘리콧, 레인지, 클라크, 웨스트코트 등이 제안한 것들을 모두 보류시키고 나서 본문의 진리를 배워야 한다.

골로새서 3:16에서 동일한 표현인 "...너희 마음속에서 은혜로..."가 나오고, 에베소서 4:29도 이 방법으로 사람들을 다루는데, "...듣는 자들에게 은혜를 끼치게 하라"고 말한다. 본문에서 추천되는 말은 하나님의 은혜를 인식하는 마음에서 나오는 말이다. 이 근원으로부터 나오는 말은 사람이 증거할 수 있도록 하나님의 은혜를 계시하나(외부 사람에게 증거하는 사람, 5절), 이 은혜의 계시는 "유쾌하거나" "쾌활한" 것은 아니다. 그것은 오히려 충격적이고, 자극적이다(렘 23:29).

<킹제임스성경>의 본문과 변개된 <칠십인역>과 <확대역본>은 단지 우리에게 공격적이고, 전투적이며, 바울적이고, 성경적인 기독교와 현대의 "기독교 교육" 운동의 차이점을 다시 한 번 보여 줄 뿐이다. 현대 기독교 교육가들은 군인을 훈련시키지 않고, 정치가를 훈련시킨다. 그들은 전투를 위한 군대를 교육시키지 않고, 아이들을 가르치기 위한 오래된 하인들만을 조직할 뿐이다. 그들은 영적인 거인을 개발시키지 않고, 행정가들과 사무실 요원들만 만들었을 뿐이다. 은혜와 친밀한 마음으로부터(갈 1,2장) 은혜를 말하는(롬 11:6) 골로새서 4:6을 기록한 자가 "외부 사람들"에게 이야기할 때는 그가 도시를 떠난 지(행 14:19) 3개월이 지나도 그들의 상처가 탈 때까지(갈 1:8-10) 소금을 쏟아 붓고 있었다. 펠릭스와 아그립파 이전에, 바울은 그가 "각 사람에게 어떻게 대답해야 하는가?"를 안다는 사실을 보여주었고, 여러분이 이 두 대화에서(행 24, 26장) 많은 "유쾌하고 쾌활

한 일들"(<확대역본>)을 찾아낼 수 있다면, 여러분은 반드시 안경이 필요하거나 정신과 의사가 필요한 것이다.

어떻게 "쾌활한 이야기"를 위해 사도행전 13:41을 좋아할 수 있는가? 어떻게 "유쾌함"을 위해 사도행전 13:46을 좋아할 수 있는가? 어떻게 "흥미 있는 이야기"(<현대인을 위한 기쁜 소식> 골로새서 1:6을 보라.)를 위해 사도행전 17:23을 좋아할 수 있는가? "쾌활함"이 무엇을 얻을 수 있겠는가? 아마 바울이 한 가장 "쾌활한" 말은 바로 예루살렘에서 대제사장에게 "이 회칠한 벽이여, 하나님께서 당신을 치시리라"라고 한 것이다.

알다시피 <확대역본>을 번역한 사람들과 그것을 믿고, 읽고, 가르치고, 전파하고, 사용하는 사람들은 전쟁을 위해 준비되지 않았다. 그들은 그들의 시야에 적이 들어오자마자 적에게로 붙을 준비가 되어 있으며, 그들의 존경과 재정적인 지원을 잃을까 전전긍긍해한다. [오늘날 기독교계의 큰 속임수는 라디오나 TV 시간이나 세금 면제의 위치를 잃지 않기 위해 세상을 어떻게 달래야 하느냐는 것이다. 신약의 어떤 교회도 세금 면제의 대상이 아니었다.]

남성적인 기독교에는 모두 남자로 된 사도들에 의해 남자다운(용맹한) 구원이 전파된다(하나님 아버지 - 남성, 아들 하나님 - 남성, 성령 하나님 - 남성). 노련한 설교가의 소금으로 맛을 낸 설교가 잃어버린 자를 자극할 뿐 아니라, 음식의 식욕을 돋우고, 음식을 보존시킨다는 사실을 발견할 것이다. 그러나 여성적인 기독교에는 사회에서 출세하려고 기를 쓰는 사람에 의해 여성적인(나약한) 구원이 전파되며, "유쾌하고 쾌활한" 설교를 발견할 것이다. 그러나 쓰레기 같은 입을 가진 창녀에게서도 이 동일한 것들이 발견된다(잠 6:24; 9:17 주석 참조).

성경을 변개시키는 그리스도인의 "그럴듯한 말과 아첨"(롬 16:18)은 진지하게 받아들이지 말아야 한다. 성경 비평가가 <킹제임스성경>을 칭송하며 "시적인 아름다움, 운율, 장엄한 언어"라고 달콤하고 수다스럽게 말할지라도, 그 다음에 나오는 것들은 쓰레기 덩어리임을 기대해도 좋다. 말이 나오면 행동이 뒤따르고, 설탕 다음에 쓴 약이 오고, 식사 후에는 수다가 따르기 마련이다. 성경을 믿는 우리들은 성경을 혹평하기 위해 성경에 입맞추는 그런 사람들이 아니다. 우리는 성경을 합당한 위치로 올려야 하며(시 138:2), 그 원래의 위치에 그냥 두어야 한다.

죽은 정통주의 보수주의자들에 의해 수많은 변개들이 자행되지만, 이전에도 수십 번 발견했듯이, 그것들 중 아무것도 본문에 빛을 비추지 않으며, 아무것도 필요 없다. 윌리엄스는 2절이 RV처럼 읽혀야 된다라고 말하지만, 물론 그렇지 않기 때문에 그의 말을 무시해도 좋다. 또한 6절의 "각 사람"(every man)을 "각자"(each one)로 바꾸는 것(<강단주석>)은 아무런 의미도 없을 뿐 아니라, 구원받지 못한 자들("외부 사람들에게는")의 질문에 즉석에서 대답할 수 있어야 한다는 본문의 전체 의미를 파괴하는 것이다.

골로새서 2:8과 2:16을 문자적으로 번역하길 절대적으로 거부했던 RV, ASV, RSV, NASV(동일한 필사본 계열)가 이번에는 "logou"(3절)라는 단어를 문자적으로 번역하여 "말씀"(word)으로 하였다. 우리는 이미 이러한 현상(3번 현상)을 여러 번 보았기 때문에 전혀 놀라지 않는다. 죽은 정통주의 배교자들은 정확하게 번역하려다 보니 본문을 삭제시킬 수 없는 곳에서는 문자적으로 번역하고 <킹제임스성경>이 이미 문자적으로 번역한 곳에서는 더 정확히 번역한답시고 변개시킨다. 이것이 바로 구제불능의 위선자들의 행동이다.

케네스 웨스트는 “말씀”(word)으로 번역한 바르트와 브루너의 견해를 따라 요한복음 1:1-3의 “말씀”(Word)으로 번역했다. 그 외에도 말씀의 다양한 변개들을 볼 수 있다. “복음의 문”이라든가 “메시지를 전파할 기회” 등이 있다. 그러나 이러한 여러 가지 대체들이 밥존스 대학과 다른 죽은 정통주의 신학교에 의해 추천되는 NASV(1960)의 번역자들과 같은 사람들의 위선을 숨길 수는 없다. 그러나 보라! 동일한 헬라어 단어 “logos”가 RV, ASV, RSV, NASV에 의해 고린도후서 8:7에서 “언어”(utterence)로 번역되었음을 주목하라(4번 현상).

1880년부터 모든 번역자들은 변덕스런 마음과 일시적인 생각으로 번역하여 오로지 1611년 <킹제임스성경>을 파괴시키는 데 헌신하였다. 그들이 “일관된 번역”이라고 떠들어대는 것은 새빨간 거짓말이다(7번 현상).

밥존스대학과 무디 성경신학원의 창설자들은 결코 골로새서 4:3의 “말” (utterence)을 “말씀”(word)으로 읽지 않았다. 그들은 종교개혁자들이 그것을 읽었던 대로 읽었다. [<틴데일 성경, 1525>과 <제네바 성경, 1560>과 <비숍 성경, 1568>을 참고하라.] 사람이나 교회, 학교가 “살아 있다는 이름”(계 3:1)을 가졌다고 해서 속지 말라. 그들은 간신히 숨만 쉴 뿐이다. “그분의 말씀을 지켰던” 교회(계 3:8)는 20,21세기의 라오디케아 교회가 아니다.

더멜로우는 6절의 “설교”가 “매력 있고 현명한”(winning and wise, 주석서, p.984)으로 되어야 한다고 생각했다. “시간을 사서 얻으라”(5절)는 말은 피크 박사에 의하면 “기회를 충분히 이용하라”는 의미가 되어야 한다. 웨스트는 4절의 중간에 “자연의 경우에서도 필수적이듯이”라는 말을 삽입했다.

[다행히 우리에게는 평이한 영어로 올바르게 보존된 <킹제임스성

경>과 한글로 된<한글킹제임스성경>이 있어 그것으로 정확지 못한 번역본들인 NASV, NEB, <새예루살렘 성경>, <뉴스코필드 성경>, <확대역본>, <조합성경>, <예수회 성경>, <라틴 벌게이트> 등을 바로잡을 판단 기준으로 사용할 수 있다.]

4 : 7 **나에 관한 모든 일은 주 안에서 사랑하는 형제요 신실한 일꾼**
인, 동료 종 투기고가 너희에게 알게 하리라.
8 **바로 이 일을 위하여 내가 그를 너희에게 보내노니 그로 하여**
금 너희의 사정을 알게 하고 또 너희 마음을 위로하게 하려는
것이라.
9 **신실하며 사랑하는 형제 오네시모도 함께 보내노니 그는 너희**
에게서 온 사람이라. 그들이 여기에서 있었던 일을 다 너희에
게 알게 하리라.
10 **나와 함께 갇힌 아리스타코와 바나바의 조카 마르코가 너희에**
게 문안하노라. (그에 관해서는 너희가 명령을 받았으니 그가
가면 영접하라.)
11 **또 유스토라 하는 예수도 문안하니 이들은 할례파에서 온 사**
람이라. 이 사람들만이 하나님의 **나라를 위한 동역자들이라.**
그들이 나에게 위로가 되었느니라.

뒤따르는 모든 것들은 개인적이며, 바울의 동료를 다루고 있다.

1. 투기고는 일들이 어떻게 진행되고 있는지를 골로새인들에게 말하는 사자이다(7절). 그는 "신실한 일꾼이요, 동료 종"이다.

2. 오네시모도 투기고와 함께 골로새로 갈 것이며(9절), 나쁜 소식

을 도울 것이다.

3. 아리스타코와 바나바(이때 바울과 함께 있었다)가 자신들의 안부를 투기고와 오네시모의 편으로 전할 것이다(10절).

4. 예수(유스토)와 에파프라, 누가, 데마(11-14절) 역시 그들의 안부를 골로새의 형제들에게 전하고 있다.

5. 아킵포(17절)는 바울로부터 그의 직분으로의 부르심에 대한 특별한 전갈을 받는다(우리는 이에 대해 자세히 볼 것이다).

투기고(7절)는 사도행전 20:4에서 처음 나왔으며, 아시아인으로 불렸다. 그는 아마 예루살렘에서 사도행전 21:29의 트로피모와 함께 있었을 것이다. 투기고는 비록 감옥에 있지는 않지만 로마에서 바울과 함께 있기에 그는 소식들을 골로새인들에게 전할 수 있었다. 그는 첫째 형제이고, 둘째 신실한 일꾼이며, 셋째 동료 종이다(골 1:7; 4:10, 빌 2:25과 주석 참조).

오네시모는 빌레몬서 9,10,16절에서 빌레몬의 종으로 돌아왔다. 그는 그리스도인 형제로서 신실하고 사랑받는 자(몬 10-17)로 여겨지며, 심지어 돌아와 그의 주인을 섬길 때도 그렇다. [디모데전서 6:1-10의 주석을 보고 골로새서 3:22-24을 보라.] 그는 너희 중 한 명이라고 말해지며(9절), 이는 오네시모가 골로새로부터 왔음을 가리킨다.

아리스타코(10절)는 마케도니아인이었으며, 바울과 함께 동행하여 사도행전 19장의 어려운 때를 함께 겪었고, 사도행전 27:2에서 로마까지 함께 동행했음을 알 수 있다. 아리스타코는 데살로니가에서 왔으며(행 20:4), 빌레몬서 23,24절에서 그의 이름은 "신실한 일꾼"으로서 마가를 따라나온다. 분명히 아리스타코는 바울과 함께 그 기간을 감옥에서 고난받았으며(롬 16:7, 엡 3:1, 딤후 1:8; 2:3,4, 고후 10:3-6), 그래서 그는 투기고와 오네시모와 동행할 수 없었다.

마르코(바나바의 조카)는 사도행전 13:13에서 선교여행 도중에 도망간 마가 요한이다. 마가와 바울과의 관계가 깨진 것은 영원한 것이 아니었으며, 이는 디모데후서 4:11과 빌레몬서 24절, 베드로전서 5:13을 보더라도 명백하다.

『**또 유스토라 하는 예수**…』(11절)는 마가와 같이 회심한 유대인이었다("이들은 할례파에서 온 사람이라"). 아리스타코가 문장에 포함되기 때문에(10절), 우리는 그가 코넬료와 같이(행 10:1-15), 그리스도께 개심하기 전에 유대교 개종자였다는 결론을 내릴 수 있다.

『**이 사람들만이** 하나님**의 나라를 위한 동역자들이라**…』(11절)는 말은 이 사람들만이 현재 곤경에 처해 있는 바울과 밀착해 있음을 보여준다. 이 곤경은 "고난"의 일부로 여겨지며, 이를 통해 우리는 천년 왕국(행 1:3; 14:22)에 들어갈 수 있다. 다시 벌링거는 슬프게도 그의 성경공부가 부족함을 보여 준다. 여기있는 고난은 누가복음 19:11과 같이 하나님의 왕국이 나타날 때 받을 실제적이고 눈에 보이는 지상의 유업을 말하는 것이지, 로마서 14:1-12에서 발견되는 하나님의 나라와는 상관이 없다. 사람들은 스탬이 말하는 "현재적 진리"에 목을 매기 때문에 본문을 해석할 수 없고, 윌리엄스(극단적 세대주의자)는 주석을 달길 거부했다. 벌링거가 그의 <컴패니언 바이블>의 부록 112에서 언급한 사사로운 해석은 아무것도 해결하지 못한다.

4:12 **너희 가운데 한 사람이요, 그리스도의 종인 에파프라가 너희에게 문안하노라. 그는 항상 너희를 위하여 열렬히 기도하니 이**

는 너희가 하나님의 모든 뜻 안에서 완전하고 온전하게 서도
록 하기 위함이라.
13 내가 그에 대하여 증거하노니 그가 너희와 라오디케아에 있는
사람들과 히에라폴리에 있는 사람들을 위한 큰 열성을 지녔느
니라.
14 사랑하는 의사 누가와 데마가 너희에게 문안하느니라.
15 라오디케아에 있는 형제들과 눔파와 그의 집에 있는 교회에도
문안하노라.
16 이 편지를 너희 가운데서 읽고 나면 라오디케아인들의 교회에
서도 읽게 하고 또 라오디케아에서 온 편지를 너희도 읽으라.
17 "네가 주 안에서 받은 직분을 주의하여 그것을 수행하라."고
아킵포에게 말하라.
18 나 바울은 친필로 문안하노라. 나의 갇힌 것을 기억하라. 은혜
가 너희와 함께 있을지어다. 아멘.

에파프라도 오네시모와 같이 골로새인이며, 그에 대해서는 빌레몬서 23절과 골로새서 1:7에 나와 있다. 『**완전하고 온전하게**』(12절)에 대한 참조 구절들은 골로새서 1:9,28과 에베소서 1:9; 3:16-20이다.

에파프라는 골로새와 라오디케아(서문 참조)에 있는 사람들에게 굉장한 열정이 있었다. 우리는 또다시 그리스도인들이 "하나님의 모든 뜻 안에서 완전하고 온전하게 서도록 하기" 위해 "항상," "열렬히" 기도하시는 예수 그리스도(요 17장, 롬 8:26)의 아름다운 모형을 발견할 수 있다. 이는 그가 이 시대의 마지막(1901～) 교회인 라오디케아에 있는 교회(계 3장)의 구원받은 사람들을 향한 강한 열정이 있기 때문이다.

『**사랑하는 의사 누가와...**』(14절). 11절에서는 할례가 언급되었기 때문에, 대부분의 학자들에 의해 누가와 데마는 무할례자로 여겨진다. 그러나 이 전통은 "누가는 성경에서 유일한 이방인 저자"라는 가르침 때문에 생긴 것이다. 그러나 이러한 속임수는 성경적 진리들을 파괴시킬 뿐이다. 누가복음의 서두는 그가 예루살렘에 사는 유대인임을 가리킨다(눅 1:1-5). 만일 누가가 이방인이라면, (10-12절에 할례가 언급된) 요한 마가, 유스토, 아리스타코보다 더 확실한 증거에 의해 그는 할례받은 이방인이었다.

『**사랑하는 의사 누가와...**』라는 말은 알렌, 오럴 로버츠, 에윙, 브란햄, 잭 코우 등과 같은 자들의 신학적 형식과는 맞지 않는다. 주 예수 그리스도에 의하면 "병든 사람들에게는" 의사가 필요하며(마 9:12), 사도가 의사를 사랑하는 형제로 부른 것으로 보아, 그는 틀림없이 마귀들린 것이 아니다. 누가는 사실 바울이 목베임당하기 직전까지 남아 있던 유일한 사람이었다(딤후 4:11). 만일 그의 사역이 바울에게 복되고 위로가 되지 못했다면, 바울이 그에게 "사랑하는 의사"라고 부르지 않았을 것이다. 이사야는 의술과 기도의 결합을 믿었으며(사 38,39장), 우리가 열왕기상 13:6,26과 요한계시록 16:13을 믿는다면 "치유하는 믿음"이 칭찬할 일만이 아님을 알게 될 것이다.

기도하지 않고 의사만 찾는 사람은 매우 어리석은 사람이다(대하 16:12). 여러 의사에게서 많은 고통을 받고 돈을 허비할 수도 있다(막 5:26). 하지만 여전히 신약에서 의학은 때때로 필요하다(딤전 5:23). 그러므로 모든 의학적 도움을 거부하는 사람은 바보이거나 자살하는 사람이다. [더 자세한 주석은 출애굽기 4:6,7 주석과 마태복음 8:17 주석을 참고하라.]

누가가 "무할례자"라는 추측 외에도 누가가 세네카와 루칸(로마 철학자와 로마 시인)의 가족과 연관 있다고 주장하는 플럼프터(Plumptre)의 상상력으로 가득 찬 책이 있다. 그러나 우리는 철학이라는 단어가 나타나는 곳마다 악취가 가득한 폭탄이 폭발하듯 냄새를 풍기기에 우리는 플럼프터(누구보다 강력하게 종교개혁 성경을 비판했던 파괴적 비평가)가 단지 그의 성향을 다시 한 번 드러내었을 뿐이라고 말할 수 있다. [<필사본 증거> 6장 각주 96번의 "바울 강박관념"을 읽어 보라.]

바울이 낫게 해달라고 기도한 모든 사람이 다 고침받은 것도 아니고(딤후 4:20), 바울은 자신의 병도 고치지 못했다(고후 12:1–8). 누가는 여전히 그와 함께 여행을 하며(행 27,28장), 여러 해 동안 바울을 섬겼다. 의사들은 명백히 주님에 의해 효율을 유지하도록 쓰임받는다. 우리는 비록 잘만(Jarman)의 "조산술," 바커(Barker)의 "내과," 마요(Mayo)의 "외과," 그레이의 "해부," 홀트의 "소아과," 켈리의 "부인과," 웰치의 "의학 실습" 등을 성령에 의해 계시된 진리와 같이 분류할 수는 없지만, 하나님께서 그의 사람을 돕기 위해 사용하시는 사람의 도움을 무시하거나 미루면 안 된다. 에스쿨라페스, 히포크라테스, 갈렌, 패러켈서스, 하베이, 리어웬호크, 제너, 프리스틀리, 파스퇴르, 리스터, 록, 듀난트, 오쉐너, 살크는 영적인 거인이 아니며, 그들 대부분은 데이브 가드너나 듀크 엘링톤처럼 잃어버린 자들이지만, 주님께서 원하신다면 여러분은 그들의 두뇌를 빌릴 수 있다.

『...**데마가**...』(14절). 이것은 디모데후서 4:10의 "이 세상을 사랑한" 유명한 배반자를 말한다. 여기 본문에도 그에 대한 어떤 좋은 말도 없다. 누가는 "사랑하는" 의사이고, 투기고는 "신실한 일꾼"이며, 오네시모도 "신실하며," 아리스타코는 "함께 감옥에 갇혔으나," 불쌍한 데마는 아무것도 아니었다. 그는 유스토나 마르코처럼 동역자도 아니고, 에파프라처럼 무릎 꿇고 수고하지 않으며, 오직 TV로만 향하는 현대 그리스도인의 전형적인 모습을 보여 준다. 데마는 혼자서 감옥에서 죽어가고 있는 자와 "그리스도인의 증거"와 "성공적인 사역"에 있어서 화해하지 못했으며(딤후 4:11), 유업을 위해 뒤에 아무것도 남겨 두지 않았다. 데마는 눈에 보이고, 실재적인 "정통주의" 기념비를 믿는 "가교"이기에 만일 데마가 사람을 의지함으로 시작했다면, 그가 건물을 짓는 것을 그만둔 것임에 틀림없다. 데마는 로마의 신들인 교육, 과학, 문화, 미술, 음악, 종교에 속아 넘어갔다. 그는 문화, 진보, 사회적 지위, 헬라어 학자, 사회적 관념, 체면에 매혹당했다. "이 세상"(딤후 4:10)은 어떤 것을 가지고도 하나님의 눈 앞에서(요일 2:16) 그 참된 상태(갈 1:4)를 가릴 수 없다. 데마는 유다와 같이 마귀도 아니며(요 6:70,71), 빌라도와 같이 그리스도를 거부하는 자도 아니다. 그는 바울을 따랐던 전천년주의 근본주의자였다. 그러나 그는 맘몬(눅 16장)을 섬겼다. 세상은 데마들로 가득 차 있으며, 그들이 유세비우스, 어거스틴, 제롬, 로버트슨, 모울톤, 밀리건, 트렌취, 빈센트 등 어떤 이름으로 불리든 간에 그들은 데마와 유사하다.

사람들은 데마에 대해 너무 가혹할 필요가 없는데 이는 주위에 너무나 많은 데마들이 있기 때문이다. 생각해 보라. 어떤 사람이 구원받고, "피"로 씻음 받았으며, 거듭났고, 정통주의자이며, 복음전도자이고, "최초의 원본"이 축자적으로 영감받았음을 고백하는 "성경대로 믿는 전천년주의자"이다. 그의 방법과 시각은 바울적이며, 그가 로마와 신학적 논쟁을 벌일 때는 바울의 입장을 취한다. 그러나 그는 "세상을 사랑했고"(딤후 4:10, 요일 2:15), 그래서 "아버지의 사랑"이 그 안에 있지 않았다(요일 2:15).

그는 고난과 박해가 매력과 드러나는 영광에 직접 연관될 때까지만 참는 명목상의 그리스도인의 특징적인 모형이다. 그러나 모든 매력과 영광이 사라지고, 주일학교 출석 기록이 출간되지 않으며, 학위를 딴 대학 졸업생이 한 명도 없고, "교사 적성 시험"에 영예도 없으며, 로마와 같이 자랑할 호화스러운 건물도 없고, 전시할 주요 예술작품도 없으며, 연주할 숙련된 음악가도 없고, 자랑할 학위도 없으며, 설교할 군중들도 없을 때, 데마는 중대 결의를 했으며 감옥에서 죽을 바울을 떠났다(딤후 4:10). 의심의 여지없이 데마는 세상에서 초교파적인 "선교활동"을 시작했으며, 네로(네로는 바울의 목을 잘랐다)를 돕는 자들과 손잡았다. 이와 비슷한 경우가 리차드 움브란트가 "러시아에 지하교회가 있는가"라는 주제에 대해 말할 것을 금지당한 수치스러운 복음주의 집회(베를린, 1966)를 살펴보면 발견된다. 러시아 "당국자"(공화국에서 돈 주고 산 공식적인 공산주의 목사)가 빌리와 데오도르 엡에게 제시했기에, 움브란트는 교도소로 넘겨졌다. 데마가 출세가도를 달릴 때 바울은 목베임을 당한 것이다. 그들은 둘 다 근본주의자였다.

그래서 근본주의자들 간에도 분리가 있는데, 그것은 그들에게 신약의 교리를 실행하는 문제가 닥쳤을 때 일어난다.

우리가 데마에 대해 한 가지 더 설명한다면, 그것은 다음과 같은 단순하지만 명백한 진리이다. 하늘이 성도에게 그 주위를 둘러싼 세상과 같이 실제적이 아닐 때에는 그는 어떤 환경적인 조건이 형성될 때 매번 성경을 팔아버린다. 만일 사탄이 그리스도인을 주님께 지성적으로 대항하게 만들기 원한다면, 그는 <킹제임스성경>을 고수하는 사람의 모든 가능성을 막아 버리고 지식층으로부터 비웃음과 조롱을 당하게 만든다. 암흑가의 법칙은 단순하다. "당신이 오랜 역사를 자랑하는 알렉산드리아의 전통과 철학(골 2:8 주석 참조)을 받아들이지 않는다면, 우리는 당신을 블랙리스트에 올려 기독교계에서 아무도 당신의 가르침과 당신의 저서를 보지 못하도록 하겠다."는 것이다. 만일 하늘이 그에게 실제적이지 못하다면, 그는 당장에 데마와 같이 성경을 팔아버릴 것이다. 자신의 교회를 세계교회협의회에 가입시킴으로 세상과 타협한 목사나 와필드, 로버트슨, 팀엠처럼 <킹제임스성경>을 최초의 헬라어 원본과 바꿔버린 자들간에는 근본적인 차이가 없다. 사람들은 단지 조롱과 반대를 두려워하여 이들에게 동참한다.

"십자군"에서 근대주의자와 협력하는 빌리 그래함(반대를 피하기 위한)과 NASV(1960)를 추천하는 밥존스대학과 테네시탬플 학교(보수주의 학자들로부터 조롱과 반대를 피하기 위한)사이에는 그 어떤 차이도 없다. 모든 동참한 사람들은 조롱과 반대를 두려워한다. 똥묻은 개가 겨묻은 개를 나무라니까, 겨묻은 개가 똥을 묻히는 격이다. 유세비우스, 제롬, 어거스틴, 칼빈, 와필드, 라잇풋, 그레고리, 웨스트코트, 빈센트, 트렌취, 홀트, 엘리콧, RV, ASV, NASV를 태운 비행기가 데마와 같이 날고 있다. 이들은 세상을 사랑하고, 세상을 즐거워하며, 세상을 영화롭게 하고, 세상을 두려워하는 기독교인이다. 하늘은 그들 중 누구에게도 실제적인 것이 되지 못한다.

당신은 하나님과 사람을 동시에 두려워할 수 없다. 만일 당신이 교육, 과학, 철학, 종교의 엄명을 두려워한다면, 당신은 하나님을 두려워할 수 없다(전 12:13). 당신은 이 세상과 하늘을 동시에 사랑할 수 없다(눅 16:15). 만일 당신이 이 세상의 조롱, 반대, 박해를 두려워한다면, 당신은 천상의 집을 잊어버리고 미끄러져 "공중 권세의 통치자"의 명령에 복종하는 "이 세상의 풍조"를 따르게 된다(엡 2:1–5).

데마는 라오디케아의 근본주의자들의 완벽한 유형이다. 그래서 『**라오디케아에 있는 형제들과... 교회에도 문안하노라...라오디케아인들의 교회... 또 라오디케아에서 온 편지를 너희도 읽으라**』(15,16절).

이제 우리는 이 시대를 위한 "현재적 진리"가 "교회인 몸의 신비"나 " 한 몸인 교회"와는 상관없음을 알 수 있다. 이것들은 1900년 이전에 에베소 교회 기간(엡 3:1–3, 계 2:1–5)에 제시된 진리이다. "현재적 진리"는 골로새서이며, 요한계시록 3:14의 라오디케아 교회를 위해 기록되었다.

1. 라오디케아 교회는 병든 교회이며, 의학적 치료가 필요하다(골 4:14의 누가를 보라).

2. 라오디케아 교회는 교육과 철학을 자랑한다(골 2:8).

3. 라오디케아 교회는 "성경적" 학자들에 의해 조장된 거짓 전통을 19세기 동안 물려받았다.

4. 라오디케아 교회는 성사와 천사에 대한 생각이 로마카톨릭(골 2:18)과 거의 동일하다.

5. 라오디케아 교회는 구원받은 러시아인을 다뤄야 한다(골 3:11).

6. 라오디케아 교회는 하늘나라를 바라보지 않는 세속적인 교회이다(골 3:1–3과 주석 참조).

7. 라오디케아 교회는 아프리카 음악과의 문제가 있다(골 3:16과 주석 참조).

8. 라오디케아 교회는 사탄에 의해 세워지고 헬라와 유럽 철학자들에 의해 보존된 "유치한 원리들"에 의해 살아간다.

9. 라오디케아 교회의 평균 교회 회원들은 이 세상을 사랑한다.

10. 마지막으로 라오디케아 교회는 이뿐만 아니라, 『"**네가 주 안에**

서 받은 직분을 주의하여 그것을 수행하라."고 아킵포에게 말하라.』(17절)는 말을 듣는다.

마지막 교회는 사역자들이 부족하고, 부름받은 자들도 보수주의 학자들이 사람의 전통과 철학을 이용하여 그들의 권위를 빼앗았기 때문에 동요한다.

골로새서의 마지막 장은 이 천둥과 같은 소리로 끝이 나는데, 이 소리가 클라크, 레인지, 엘리콧, 제미에슨, 포셋, 브라운, 더멜로우, 핀들레이, 엘리스, 피크와 그 외 나머지 300여 명의 일류 정통주의 배교자들에 의해 가려지고 있다.

『...**눔파와 그의 집에 있는 교회에도 문안하노라**』(15절). [고전 16:19, 행 12:12, 롬 16:5 참조] 이 구절은 눔파의 집에 있는 구원받은 사람들에 대한 언급이거나, 그 집에 모이는 지역 모임을 언급할 수 있는데, 후자가 아마 적절한 설명일 것이다.

여기에서 성도들은 다시 본문에 주의를 기울이고, <킹제임스성경>의 뛰어난 잠재력을 살펴볼 것이다. 알다시피 데마가 방금 등장했고(14절을 보라), 데마를 언급한 바로 직후에 라오디케아가 언급되면서 죽은 정통주의 배교자들의 마음에 잠재적으로 영향을 미쳤다. 이것은 심리학에서 "조건 반사"라 하고, 파블로프의 실험으로 유명하다. [러시아에서는 심리정치로 바뀌어 사용되었다(1920-1970).]

"데마"라는 말이 나오기가 바쁘게 모든 성경 비평가들이 갑자기 경련을 일으킨다. 그들이 "데마"를 읽을 때 영적 충격파가 비평가들의 마음을 지나 "중앙 신경 체계"를 공격한 것이다. 그들은 자신들의 경련을 눈치채지 못하고, 그들 모두는 갑자기 다음 절에서 무엇인가가 잘못되었다고 결론을 내린다. 모든 필사본들은 이 구절에서 한 단어만을 제외하고는 똑같이 되어 있다. 그 단어 하나가 변개된 것이다.

변개를 처음 시도한 사람은 바로 오리겐(184-254)이며, 그는 "그의 집"을 "그녀의 집"으로 변개시켰다. 속기 쉽고 아주 미신적인 <헬라어 주석성경>(p.547)의 저자는 이 변개된 사본의 필사본 증거가 아주 강력하다고 말한다. 이것은 <킹제임스성경>에 나와 있는 "그의 집"에 대한 필사본 증거가 아주 약한 것처럼 독자들을 미혹시키는 것이다. 단지 이 학자들과 박사들이 "성경의 영감"을 믿는 거듭난 보수주의자라는 이유 때문에 이들의 거짓말을 믿어야 하는가? 우리는 성경을 거부하는 자들이 자신을 무엇이라 부르든 상관없이 불신자들과 예수회(로마카톨릭) 회원들과 함께 진리를 내던지고 있음을 보아왔다.

<킹제임스성경>에 나와 있는 "그의 집" 대신 "그녀의 집"이 맞다는 강력한 증거가 어디 있는가? 로마카톨릭의 바티칸 사본 정도가 오리겐과 같이 "그녀의 집"이라고 되어 있다. 그 밖에 다른 것은 없는가?(17번 현상) 이것은 요한복음 14:7과 5:29의 경우와 똑같다. 바티칸 사본이 서방 필사본 계열과 카이사랴 필사본 계열과 헤지키안 필사본 계열과 시리아 필사본 계열 모두를 압도하고 있다.

피크 박사와 데마와의 관계가 약간 의심이 된다. 그는 NASV(1960)나 ASV(1901)과 같이 <킹제임스성경>과 다른 것은 무엇이나 받아들이고자 한다. ASV, RV, NASV는 본문을 "그들의 집"으로 읽고 있다. (그러나 신경쓰지 말고 오직 성경 본문만을 믿으라.)

케네스 웨스트(무디 성경 신학원)는 프로테스탄트의 종교개혁 성경보다는 바티칸의 로마카톨릭 본문을 더 선호한다. 데오도르 엡이 좋아하는 <확대역본 신약> 역시 로마카톨릭의 변개("그녀의 집")를 수용하였고, 이것이 <확대역본 신약>을 C.H. 도드의 로마카톨릭 성경인 NEB와 같은 선상에 놓게 만들었다. <필립스 역본> 역시 여호와의 증인의 성경인 <신세계역본>과 같은 본문을 사용한다. 이 본문의 변개는 아리안주의자, 불신론자, 카톨릭 신자, 프로테스탄트, 근본주의자, 자유주의자, 여호와의 증인을 모두 같은 선상에 놓게 만들며, 모두가 <킹제임스성경>의 적들로서 연합하여 그들의 힘을 과시한다.

오리겐은 "눔파"를 여자로 만들었고, 강제로 "그의"(헬라어, "autou")를 "그녀의"(헬라어, "autas")로 바꾸었다. 이것이 오리겐의 특징이다. 그의 오류는 유세비우스(260-340)와 팜필루스에 의해 로마카톨릭 콘스탄틴(272-337)을 위해 복사되었고, 이것은 네슬(p.516)과 메쯔거의 변개된 본문에서 보존되었으며, 그린빌 사우스 케롤라이나의 밥존스대학의 교수진에 의해 추천되었다.

"그들의 집"은 330-350년경 시내 사본의 저자가 오리겐이 혼잡시켜 놓은 것을 보고 절충시켜 놓은 것이다. 모든 죽은 정통주의 배교자들은 <킹제임스성경>을 받아들이느니 온갖 짓을 다하겠다는 생각으로 ASV, RV를 좇아 "그들의 집"으로 기록하였다. [이 두 번째 형태의 변개에 대한 필사본 증거는 시내 사본, 알렉산드리아 사본, "P" 사본, 에프라임 사본("C" 사본)이다.]

그러나 진리를 파괴하려는 이 굉장한 노력들은 아무것도 아니며, 14절에서 일어난 순간적인 경련에 의해 나온 작품이다. 이 잠재적인 동요는 죽은 정통주의 배교자의 마음을 붙잡게 했고, 그들의 영적인 발작이 우리 앞에 "이 웃기는 작품들"을 내놓은 것이다.

그러나 다음을 생각해 보라.

1. 어떻게 모든 헬라어 필사본에서 "집"(헬라어, "oicon")이 단수인데 "그들의"가 앞에 붙을 수 있는가? 본문에는 복수의 주어가 나오

지 않으며, 눔파는 한 개인의 이름이다.

"그들의"가 만일 "형제들"에 대한 언급이라면, "그들의 집들"이 되어야 한다. 그러나 그렇게 되어 있지 않다. 변개된 ASV(1901)와 NASV(1960)의 "그들의"가 한 사람을 가리킨다는 것을 발견했을 때, 우리는 지금 정확한 번역을 배우고 있다고 생각할 수 있다. 그는 요한계시록 13:1-3과 같이 "비히못"(욥 40:15)이었을 것이다.

2. 앞의 열다섯 절 모두에서 여자의 이름은 한 번도 나오지 않는데, 어떻게 "그녀의"가 될 수 있는가? 언급된 사람은 모두 남자의 이름들이다(7,9-15절).

문장, 상식, 문법, 문체, 단어가 모두 남성이며, "그의 집"을 지지하고 있다. 이것이 바로 영감으로 기록된 절대무오한 본문이며, 모든 표준원문과 다수 필사본의 계열을 통해 <킹제임스성경>에서 신실하게 보존된 본문이다. 필사본 "D"(서방 사본), "G", 시프리우스("K"), 필사본 "프시"(Psi) 등에도 그와 같이 되어 있다. 또한 우리는 안티옥에서부터 콘스탄티노플까지 (알렉산드리아에서부터 로마까지가 아니라) 헬라 교회의 헬라 교부들이 <킹제임스성경>의 본문을 사용했음을 볼 수 있다. 데오도르, 크리소스톰, 요한 다마스커스는 모두 "그의 집"이라 읽었다. [크리소스톰은 구령하고, 성경을 전파하는 사역자였던 반면, 오리겐은 그의 전 생애를 표준원문을 파괴하는 데 시간을 썼던 플라토적인 아리안주의자이다.]

"그의 집에 있는" 교회는 한 주의 첫째 날에 빵을 떼고 함께 기도하기 위한 그리스도인 모임이며, 이들의 "초기 기독교계는 교부들의 글들에 잘 나타나 있다. 베더, 뉴만, 샤프의 교회사에도 이러한 모습을 분명히 제시한다. 물침례는 성경에 기록되고 명령된 대로 잠기는 것이었고, 모금은 가난한 성도들을 돕기 위해 이루어졌다. 또한 A.D.

325년 이전의 어떤 교부의 글에서도 로마 주교가 지역 교회 목사를 능가하는 그 어떤 것이라는 증거가 발견되지 않는다. 시프리안(195-258)과 이레내우스(130-202)는 목사의 성경적 모습을 왜곡시킨 첫 번째 인물들이며, 순교자 마터(100-165)와 터툴리안(160-220)은 의식들을 왜곡시킨 사람들이다. 그러나 이 진리의 왜곡 뒤에는 아다만테우스 오리겐이라는 죽은 정통주의자의 지도자가 있다. 오리겐은 목사를 "대제사장"(high priest)이라 불렀다.

모든 예배는 단순하고 영적이었다. 그들의 모임은 초기 퀘이커 교도와 경건주의자(미국과 독일)와 왈덴스(이탈리아, 프랑스)가 가졌던 모임과 유사하다. "그의 집에 있는 교회"(15절)를 성베드로 성당과 비교하는 것은 마치 장미 정원을 폐차장과 비교하는 것만큼이나 어울리지 않는다.

라오디케아에서 온 편지(16절)는 에베소서 1:1의 주석과 에베소서 주석의 서문에서 충분히 다루었다. 여러분들은 <강단주석>(Vol. 20, p.215)에서 약간의 정보를 얻을 수 있으나, 그렇게 되면 자연히 이 정보는 많은 주석가들에 의해 진실로 받아들여지는 이단 말시온(A.D.160)의 죽은 정통주의 견해를 지지함을 알게 될 것이다.

『...**아킵포에게 말하라**』(17절). 요한계시록 2:6을 읽어 본 독자라면 여기서 평신도가 성직자에게 간곡히 타이르고 있음을 놓치지 않을 것이다. 여기에는 니콜라파(평신도를 지배하는)가 없다(계 2:6의 주석 참조). 골로새의 성도들은 빌레몬의 아들(몬 1,2)에게 주의하고 그의 직무를 완수할 것(딤후 4:5)을 듣는다.

아킵포는 해야 할 일을 부여받았고, 주님께서는 에베소서 4:11과 고린도전서 12:1-12에서 일들을 주신 것처럼 그에게 이 일을 주신 것이다. 어떤 사역자도 그가 "달려갈 길을 마치고"(딤후 4:1-8), "선한 싸움을 싸우고"(딤후 4:7), 해야 된다고 생각했던 일을 하기까지는 "완수"한 것이 아니다. ["주님께 책임을 부과받은" 전도유망한 젊은 사역자들에게 철저하게 기반으로 삼아야 할 책들인 <어떤 성경인가?>(데이비드 오티스 풀러 지음, 1970), <성경을 믿는 공부>(에드워드 힐스 지음, 1969), <필사본 증거>(피터 럭크만 지음, 1970)을 추천하는 바이다. 이 세 권의 책은 "기독교 교육"이 권위와 신실함의 입장을 파괴하기 전에 그의 사역을 보호할 것이다.] 『**직분을 주의하여 그것을 수행하라**』(17절)는 것은 양떼를 먹이는 일, 책을 쓰는 일, 선교사를 지원하는 일, 복음 전도 여행을 떠나는 일에만 제한되지 않는다. 당신이 만일 당신을 구원한 그 책을 지키지 않는다면(그 책이 당신의 부르심에 대해 당신에게 말했다.) 당신은 아무것도 완수하지 못할 것이다. 신학원 의자에서 당신이 "직분을 주의"하기 전에 당신의 기반을 무너뜨리는 죽은 정통주의 배교자들에게는 화가 있을 것이다.

결코 열왕기상 13장을 잊지 말라. 거짓 선지자는 자신이 부름받았다라고 고백하나, 그는 아무것에도 부름받지 못했고 단지 당신이 하나님의 말씀에 대해 가진 믿음을 파괴하기 위해 부름받았을 뿐이다(왕상 13:18). 그 거짓 선지자는 그의 때에 배교를 행했던 여로보암에게 한 번도 대적하지 않았다.

『**나 바울은... 문안하노라... 아멘**』(18절). 이 마지막 구절은 별다른 설명이 필요 없으며, 빌레몬서 9,13,19, 에베소서 3:1,13; 4:1, 디모데후서 2:9, 데살로니가후서 3:17,18, 고린도전서 16:21-24, 갈라디아서 6:11-18에서 이 부분에 대해 설명돼 있다.

우리가 만일 핀들레이의 주석을 주목한다면, 죽은 정통주의 배교자의 마지막 은밀한 미소를 발견할 것이다. 『**은혜가 너희와 함께 있을지어다.**』(18절, 갈 6:18, 빌 4:23)에 대한 참고 구절(고후 8:9)을 완전히 무시하고, 핀들레이 박사는 고린도후서 13:14에서 그 완전한 형식을 볼 수 있다고 말한다.

비록 웨스트와 여호와의 증인은 시도했지만 “새로운 역본들”(<버클리 역본>, <확대역본>, <현대인을 위한 기쁜 소식>, NEB, RV, ASV, RSV, NASV, <리빙 레터즈>, <필립스 역본>)은 “은혜”(Grace) 앞에 정관사를 첨가시키지 않았다. 그러나 그러한 시도는 사실 아무런 의미도 없다. “은혜가 너희와 함께 있을지어다.”는 것은 “우리 주 예수 그리스도의 은혜가 너희 모두와 함께 있을지어다.”(빌 4:23)가 더해질 필요가 없으며 정확한 것이다. <킹제임스성경>의 본문은 “정관사가 없는 것”이 오류가 아님을 증명하며, 그것은 단지 늘 있어 왔고 계속 되는 비평가들의 시기일 뿐이다.

여기서 골로새서가 끝이 난다. 오리겐에서부터 잉글리쉬까지 그 어떤 주요한 주석가들도 <킹제임스성경>의 책의 순서를 주목하지 못한다. 엘리콧, 레인지, 클라크, 더멜로우, 벌링거, 윌리엄스, 스탬, 티엠, 웨스트, 로버트슨, 라킨, 스코필드, 라잇풋, 홉트, 립시우스, 트레겔레스, 트렌취, 슈네더만, 알포드, 알란드, 네슬, 핀들레이, 피크, 엘리스, 리들, 웨스트코트, 루켄, 홀트, 메이어가 신약의 금광에서 노다지를 놓치는 것은 하나도 놀라운 일이 아니다.

알다시피 데살로니가서가 골로새서를 뒤따르고 있다. 골로새서는 요한계시록 3장의 라오디케아 교회와 연결되고, 교회 이후에 휴거가 따르듯이(계 4:1,2과 주석 참조), 정확히 휴거(살전 4:14)가 골로새서를 따르고 있다.

그러므로, 교회 역사에서 현재 시점(1900–)의 “현재의 진리”는 골로새서이다. 아무도 발견하지 못한 어떤 불가지론자들의 "최초의 원본" 대신에 <킹제임스성경>을 믿는 자들은 "현재적 진리"가 욥기, 잠언, 출애굽기, 창세기에도 가끔씩 발견되는 것을 알 것이다. 그러나 여전히 현대의 철학적이고, 전통적이며, 의식적이고, 교육적이며, 문화적이고, 존경받는 20,21세기 기독교계를 향한 직접적인 책은 바로 "골로새서"(형벌 : punishment)이다.

골로새서는 그들이 살고 있는 교육받은 세상을 달래고, 그들의 공동체에 순응하기 위해 헌신하고 있는 현대의 여성적인 주일학교 형태의 기독교계에 대한 해독제이다. 골로새서는 20,21세기 교회들을 향한 성령님의 마지막 경고들을 담고 있다. 이 경고들은 분명히 다음과 같은 형태들로 다루어진다.

1. 세상 속에 정착함으로(데마)
2. 전통으로 성경을 판단함으로(골 2:8)
3. 철학을 사용하여 성경을 집어던짐으로(골 2:8)
4. 당신이 있는 곳의 기준들을 최종 판단 기준으로 받아들임으로(골 2:8)

우리는 금세기의 현대의 그리스도인들(근본주의자이고 전천년주의자인)이 성경의 절대적인 권위를 믿는다고 고백하고 나서 그들 자신의 개인적인 의견을 거룩하신 하나님의 판결인 양 말하는 것을 알고 있다. 그들 모두는 <킹제임스성경>을 "절대무오한 권위"로 받아들이길 거부한다. 그들 모두는 구주 대신 그들의 일을 숭배하고, 그들 모두는 진정한 성경대로 믿는 사람들을 두려워하고 미워한다. 그들 모두는 사회적 명성을 얻길 원하는 자들이며, 그들의 수입을 위해 사회적 명성에 의존한다. 자신의 고용인들이 자신의 명령에 순종하도록 하기 위해 디모데전서 6:1-4을 인용하던 한 기독교 지도자(그는 "기독교 교육"에 대한 공로로 명예 박사 학위를 받았다.)가 기억이 난다. 또한 젊은이들에게 그녀가 졸업한 학교를 다니지 않으면 마귀에게 미혹당하며, 주님께서는 젊은이들을 오직 "기독교 대학"으로만 이끄신다고 말하던 사람도 기억이 난다. 그러나 주님께서는 사보나롤라를 화형장으로 인도하셨다. 또한 주님께서는 바울을 그가 다니던 대학으로부터 나오게 하셨다.

당신은 <킹제임스성경>에 대한 믿음을 일반 대학에서보다 소위 "기독교 대학"에서 더 빨리 잃어버릴 수 있다. 오늘날 배교는 자유주의자들 사이에만 일어나는 것이 아니라, 주 예수 그리스도의 몸 안에서 일어난다(마 13:33, 레 23:17).

데마는 여전히 우리와 함께 있고, 그는 19세기 이전에 그가 로마 지하감옥에서 골로새서의 저자를 버리고 도망갔을 때보다 더 경건하지 못하다. 현대의 보수주의 데마와 후천년주의 이단인 어거스틴 간의 유일한 차이점은 어거스틴은 언젠가 그리스도가 다시 오시기 이전에 세상이 변할 것이라고 믿었고, 전천년주의자인 데마는 이보다 조금 더 알았다는 정도이다. 그러나 모든 실제적인 부분에서 이 둘은 전혀 차이가 없다. 데마는 성경을 땅에 속한, 물질적이고, 보이는 증거를 제시하는 도구로만 사용한다. 그는 여러분이 믿고 있는 만큼 믿지 않고, 그는 편의상 성경을 사용할 뿐이며, 믿음을 고백하는 데 이용하는 정도이다. 이것이 바로 디모데후서 4:10의 기회주의자이며, 골로새서는 그들에게 주어진 직분을 완수하지 못하는 이런 종류의 그리스도인에게 경고하기 위해 기록되었다.

금세기의 골로새 그리스도인들은 "근본주의"라는 그들의 믿음을 자랑하지만, 첫 번째 로마 에큐메니컬 공회(니케아, A.D.325)가 똑같은 것을 자랑했다는 사실을 모르고 있다. 그는 "최초의 원본"의 "전체적이고 축자적인" 영감을 자랑하지만, 반면 그들에게 현재의 복되고 자유로운 위치를 줄 수 있었던 종교개혁 성경을 공개적으로 멸시하고 있다. 간단히 말해서 현대의 골로새 그리스도인은 마귀에게 속아 지식(고전 8:1), 과학(딤전 6:20), 전통(골 2:8)을 철저히 갖추면 그가 절대무오한 최종권위를 판단할 수 있다고 생각하는 죽은 정통주의 배교자이다. 그러나 이 최종권위가 없으면, 그리스도인은 로마의 카톨릭이나 러시아의 공산주의나 교육, 문화, 인본주의, 인도주의, 철학, 사회주의와 같은 이교도의 신들의 자리로 버려질 수밖에 없다.

교회사를 통해 발견되는 것은 불신, 복음, 교육, 문화, 배교, 불신, 복음과 같은 고정된 형태가 되풀이 된다는 것이다. 라오디케아 교회의 가장 큰 문제는 바로 교육과 문화가 성경의 권위를 대체한다는 점이다. 예를 들어 존 알 라이스는 <우리의 하나님께서 불어넣으신 성경, 1970>이라는 책을 쓸 때, 독자들이 놀랄 만한 주요한 3가지 진리를 조심스럽게 빼고 이야기한다.

1. 라이스, 웨니거, 잉글리쉬, 닐, 커스터 박사에 따르면 아무도 그 책을 갖고 있지 않다.

2. "우리의"라는 말은 단지 1901년과 1960년의 개정 위원회(ASV, NASV)에만 적용될 수 있고, 라이스의 책은 단지 이 사람들의 변개된 출판물의 판촉을 촉진하기 위해 만들어진 책일 뿐이다.

3. 저자인 라이스는 그 자신의 고백대로 한 번도 그 성경을 보지 못했고, 그의 동료들 중 누구도 그 성경을 보지 못했다.

보수주의자들에 의해 말해지는 현대의 "하나님의 말씀"은 과거에 있었지 지금 있는 것은 아니다. 그러므로 그들이 "우리는 성경이 하나님의 말씀인 것을 믿습니다"라는 그들의 고백은 끊임없는 거짓말일 뿐이다. [헬라어 학자들은 항상 시제의 문제 때문에 골머리를 앓

는다. 골로새서 2:17과 주석을 참조하라.]

누군가 이같이 "믿음의 논쟁자"나 "정통주의의 요새," "근본주의의 근거지"를 출판할 때, 그들의 후원자가 <킹제임스성경>이 가장 훌륭한 번역이라고 추천하는 동안 그들은 젊은 사람들을 "신학원"으로 모으려고 애쓰고 있는 것을 볼 수 있다. 그러나 일단 이들이 "신학원" 안에 들어오기만 하면 <킹제임스성경>을 헐뜯고 공격하는 그들의 사나운 기질을 드러내고 말 것이다. 그들이 졸업하여 "신학원"을 떠나면 더 이상 그들의 최종권위는 성경이 아니며 신학원이 그들의 최종권위로 자리잡는다.

더욱이 이 같은 책임은 이 땅의 모든 주요한 기독교 대학에 있다. 이들 대학은 모두 그 학교의 졸업생들에게 "거짓된 비난"과 "오해"를 주입시켜, 그들의 99%는 이 거짓말의 증인이 되어 버린다. 그들은 성경을 갖고 있지 않다. 그들은 그리스도의 동정녀 탄생과 그리스도의 신성을 부인하는 "믿을 만한 번역본"(1901년의 ASV와 같이)과 그리스도의 몸의 부활과 성육신을 공격하는 "신뢰할 만한 번역본"(1960, 1963년의 NASV와 같이)과 암흑 시대의 <예수회 성경, 1582>과 동일한 "최초의 헬라어 원본"을 가지고 있다. 그러나 그들에게는 성경을 24시간 감시하고 판단하는 죄인들로 구성된 교수진 외에는 최종권위가 없다. 모든 믿음과 실행의 최종권위는 밥존스대학이며 헬라어 학자의 견해이다.

골로새서가 다루는 라오디케아인들의 교회는 휴거 이전의 지상의 마지막 교회이다. 이 교회는 종교개혁의 유산을 학자들의 팥죽에 팔아 넘겨 버렸고, 살아 계신 하나님의 살아 계신 말씀을 "말씀," "원본," "헬라어 본문," "최초의 헬라어 원문," "오래된 필사본," "가장 우수한 필사본"과 그 밖의 수십 개의 부패되고 경건하지 못한 로마카톨릭의 인기책과 바꿔버렸다. 그러나 이러한 것들은 교회사 1900년 동안 단 한 번도 참된 부흥이나 성경적 사역을 이루어내지 못했다.

이 거대한 새로운 기독교 교육의 미래는 "형벌"(the Punishment)이다. 헬라어에서 "골로새"란 단어의 뜻은 "형벌"이다.

피터 럭크만의 주석서

골 로 새 서

1996년 12월 10일 초판1쇄
2016년 2월 12일 개정판1쇄

지은이 피터 S. 럭크만
옮긴이 편 집 부
펴낸이 이 송 오
펴낸곳 말씀보존학회

서울시 강서 우체국 사서함 제 90호
전화 (02) 2665-3743 ／ 팩스 (02) 2665-3302
Internet : www.biblemaster.co.kr

출판등록 1988. 12. 12. 제16-223호

값 8,000 원